BAUSTEINE

Lesebuch 3

Ausgabe Bayern

Neubearbeitung

Herausgegeben von
Felix E. Emminger

Erarbeitet von
Felix E. Emminger, Renate Emminger,
Sybille Frank, Ulrike Heyde und Susan Krull

Diesterweg

INHALT

Werner Gilles: Der Lesende

Das kleine Buch

Ich nahm das kleine Buch zur Hand.
Mir wurden die Augen groß,
weil alles ringsumher verschwand.
Und schon ging die Reise los.

Frantz Wittkamp

Traumbuch

Ich wollte schon immer ein Vogel sein.
Gestern im Traum bin ich einer gewesen.
Ich saß im höchsten Buchenbaum
und habe – was sonst? – ein Buch gelesen.

Es war ein Buch nach Vogelart,
mal federleicht, mal flügelschwer.
Ich flog mit ihm im Traum davon
und wollte immer mehr!

Als dann der Traum zu Ende war,
bin ich kein Vogel mehr gewesen.
Geflogen bin ich immer noch.
Ich hab einfach weitergelesen.

Inge Meyer-Dietrich

Einfach
Ein Elfchen
Hier drei Wörter
Ich kann schon dichten
Lob

Neugierig
Mein Lesebuch
Nimm und lies
Ich freue mich darauf
Überraschung

Ratlos
Hundert Fragen
Bücher als Hilfe
Ich suche und finde
Antwort

Geheimnisvoll

Viele Seiten
Abenteuer und Gefahren
Ich folge der Spur
Spannung

Tröstend
Bücher lesen
Krank im Bett
Ich bin nicht allein
Freunde

Lustig
Verdrehte Buchstaben
Spaß
Ich löse die Rätsel
Spiele mit Wörtern

Wernichtrichtiglesenkann
fangnochmalvonvornean
dennichschreibehierdieworte
andersalsmanseuchgelehrt
zwarnichtunbedingtverkehrt
sonderneinfachaneinander
auchwennihrdasunsinnnennt
dassmansienichtgleicherkennt
docheinkleinerunsinnmacht
dassmangerndarüberlacht.

Gottfried Herold

Eu lenle seng erne. Esfä lltih nen au chni chtschwer, wei lsie sogro ßeAug enhaben. Ab erwo von handel nwoh lE ulen-Geschi chten? Wasle senEu lenge rne? Nat ürli chGesch ichten vonEu len. Man chmal auchvo nMäus en, nurma chtdas dieEul enim mersoh ungrig. Undd annle senEu lens ehrgern eGespe nsterge schichten. Als o, manm uss schonsa gen, dasssie daszie mlich übe rtrei benun dihre Nerv endas nich tmitma chen. Dau ernd schrei ensie „Huh“ vorSchr eck undn achts kön nensie nichts chlafen, son dernf liegen ruh elos dur chden dun klen, düs ter enW ald.

Martin Auer

Lob der Bücher

Bücher flimmern nicht.
Auf keiner Seite blinkt ein Schild:
„Wir bedauern die Störung."
Sie passen in jede Tasche.

Sie brauchen kein Kabel, keine Antenne,
nur jemand, der sie liest.
Bücher sind geduldig.
Sie erzählen einen Witz auch fünfmal,
wenn es sein muss.

Sie sind hartnäckig.
Wenn es Streit gibt, wechseln sie nicht höflich das Thema:
gedruckt ist gedruckt.

Sie beantworten Fragen schwarz auf weiß:
Woher die Kinder kommen,
wie der Benzinmotor funktioniert,
warum die Armen nicht reich sind.

In Büchern trifft man Menschen,
die man sonst nie kennenlernen würde:
Eskimos und Afrikaner,
Dichter, die schon tot waren,
als die Großmutter geboren wurde.

Ohne Bücher wäre es fad am Abend,
allein im Bett.
Ohne Bücher würde unser Wissen
an der Nasenspitze aufhören.
Ohne Bücher könnte dies niemand lesen.

Gerald Jatzek

Lesebären

Trotz monatelangem Winterschlaf sind Bären oft unausgeschlafen und deshalb gereizt und nervös. Jetzt ist endlich herausgekommen, warum: Sie lesen im Bett.

Im Herbst fressen sie sich nicht nur einen Winterspeck an – sie horten auch Büchervorräte. Aus dem schwedischen Dörfchen Norrby wird gemeldet, dass dort regelmäßig im September oder Oktober Bären aus dem nahe gelegenen Nationalpark die örtliche Gemeindebücherei überfallen und komplett ausplündern.

Tieraugenarzt Dr. Lindström warnt, dass wochen- und monatelanges Lesen im Bett die Augen schädigt, insbesondere bei der unzureichenden Beleuchtung der Bärenhöhlen. Aus Kanada wird berichtet, dass manche Grizzlybären ihren Winterschlaf jetzt schon im September beginnen, nur um mehr Zeit zum Bücherlesen zu haben. Der Schlafmangel macht die Bären dann im Frühling mürrisch und aggressiv.

Tierschützer haben versucht den Bären zu helfen, indem sie ihnen Fernsehapparate in die Höhlen stellten. Leider wirkte das nur bei den älteren Tieren, die oft gleich nach der Tagesschau einschliefen und bis zum Frühling nicht mehr aufwachten.

Bärenkinder aber wurden dabei beobachtet, wie sie vor laufenden Fernsehapparaten Comics lasen und dazu noch ihren Walkman angedreht hatten.

Martin Auer

Nimm und lies

Es gingen drei Kinder
durch den Wald.
Die Kinder waren jung,
der Wald war alt.

Da haben die drei,
unter Fichten versteckt,
ein steinernes
uraltes Haus entdeckt.

Sie klopften an.
Kein Mensch rief herein.
Da fassten sie Mut
und traten doch ein.

Sie blickten sich
in der Stube um.
Da sahen sie stehen,
verstaubt und stumm:

Eine uralte Uhr,
eine uralte Bank,
einen uralten Tisch,
einen uralten Schrank.

Der Schrank war
wie der Himmel blau
und hatte Schubladen,
zwölf genau.

In der ersten lag
ein gläserner Ball,
in der zweiten ein Posthorn
aus gelbem Metall.

In der dritten
ein Männlein aus Elfenbein,
in der vierten
ein Ring mit grünem Stein.

In der fünften lag
ein vertrockneter Strauß,
aus der sechsten sprang
eine silbrige Maus.

In der siebten lag
ein zerbrochener Krug,
in der achten ein Bild:
braune Adler im Flug.

In der neunten lag
ein Gewicht aus Blei,
die zehnte
war voll von allerlei.

In der elften lag
ein Seidentuch,
in der zwölften ruhte
ein uraltes Buch.

Auf dem Buch
stand geschrieben:

Sie schlugen das Buch auf,
da lasen sie:

Julius Geerts: Schulstunde

Lehrer Lämpel

Also lautet ein Beschluss:
Dass der Mensch was lernen muss.

Nicht allein das A-B-C
bringt den Menschen in die Höh;
nicht allein im Schreiben, Lesen
übt sich ein vernünftig Wesen;
nicht allein in Rechnungssachen
soll der Mensch sich Mühe machen;
sondern auch der Weisheit Lehren
muss man mit Vergnügen hören.

Dass dies mit Verstand geschah,
war Herr Lehrer Lämpel da.

Max und Moritz, diese beiden,
mochten ihn darum nicht leiden;
denn wer böse Streiche macht,
gibt nicht auf den Lehrer Acht.

Wilhelm Busch

Julia meldet sich

Herr Lober schreibt Zahlen an die Tafel. Die Kinder schreiben die Zahlen ab. Herr Lober dreht sich um und fragt: „Alles klar?“ Die Kinder nicken und versuchen gescheit auszusehen. Vielen ist gar nichts klar. Sie fragen dann daheim ihre Mutter.

Heute meldet sich Julia. „Ja, Julia?“ „Mir ist gar nichts klar“, sagt Julia. „Können Sie das noch mal erklären?“
Herr Lober staunt. „Ich habe doch …“ Er macht den Satz nicht fertig. „Ist noch jemand da, der das nicht verstanden hat?“

Helga hebt die Hand, dann Gabi. Dann Tim. Dann sind alle Hände oben, bis auf die Hand von Jan. Jan ist ein guter Rechner. Ihm ist wirklich alles klar. Herr Lober räuspert sich. „Also …“, fängt er an. Und dann erklärt er die Rechenaufgaben ganz langsam noch mal, bis alle Kinder nicken.

Irmela Brender

Uli und ich

Quer durch meine Schrift ging ein Strich und deswegen bekam ich keine Zwei. Zu Hause haben sie gesagt, ich brauchte es mir nicht gefallen zu lassen. „Ich will nicht mehr neben Uli sitzen“, habe ich zu meiner Lehrerin gesagt. „Wo willst du denn sitzen, Petra?“, hat sie gefragt. „Neben Peter“, habe ich gesagt.
Ich habe meine Sachen vom Tisch genommen und bin einfach gegangen und habe kein Wort zu Uli gesagt. Und Uli hat auch nichts gesagt. Er ist dagestanden und hat geguckt und hat ganz nasse Augen gehabt.
Dann hat Rolf sich zu Uli gesetzt und ich habe gedacht, wie lange das wohl gut geht. Gleich am nächsten Tag hat Rolf gepetzt, dass Uli mit dem Stuhl wackelt, dass Uli an den Füller stößt, dass Uli den Radiergummi nimmt, dass Uli abguckt.
Jörg ist wieder da; er war lange krank. Er hat sonst neben Peter gesessen und es ist selbstverständlich, dass er seinen Platz wieder nimmt. In unserer Klasse sind vierzig Plätze, acht Plätze bleiben immer frei, weil wir zweiunddreißig sind. Ich gucke mich um. Ich sehe, der Platz neben Uli ist auch frei; Rolf fehlt. Ich weiß selbst nicht, weshalb ich mich wieder auf meinen alten Platz setze.
Ich will meine Sachen auspacken, da sagt Uli: „Ich finde, man kann nicht einfach wiederkommen, wenn man einmal weggegangen ist.“
Ich habe nicht erwartet, dass Uli so was sagt. Ich weiß nicht, was ich tun soll. Ich denke daran, dass er geweint hat, als ich weggegangen bin. Da fragt meine Lehrerin: „Was sagst denn du dazu, Petra?“ Ich bringe kein Wort heraus. Da fragt sie noch mal. Ich sage: „Uli hat Recht.“ – „Ja, und?“, fragt die Lehrerin. „Heute bleibe ich hier sitzen. Morgen kann ich mich ja woanders hinsetzen“, sage ich ...

Irmela Wendt

Friedensfest

In der 3a schweben wunderschöne Friedenstauben aus weißem Papier vor den Fenstern. Jedes Kind hat eine gebastelt. An der Türwand hängen Kriegsgeschichten und Kriegsbilder. Die sind schrecklich. An der Fensterwand hängen Friedensgeschichten und Friedensbilder. Die sind wunderschön.

Auf der Tafel steht:

FRIEDE · PEACE · PACE · PAIX · SHALOM · MIR · BARIS|

Die 3a plant ein Friedensfest mit Gedichten und Liedern, mit Essen und Trinken. Alle Eltern sind eingeladen. In der Schulküche haben die Kinder Friedenstauben aus Mürbteig gebacken. Jeder Gast wird eine bekommen.

Die Tür geht auf. Klaus kommt herein. Der Klaus aus der 3b. Mit ihm kommt ein Windstoß, weil ein Gangfenster und ein Klassenfenster offen sind. Die Friedenstauben beginnen zu schwanken. Die dünnen Fäden verheddern sich. „Tür zu!“, schreit einer. Klaus steht und schaut. „Tür zu!“

Klaus guckt noch verwirrter und tut nichts. Florian schiebt ihn zur Seite und knallt die Tür zu. Klaus stupst Florian. Florian stupst Klaus. Ein paar Kinder versuchen die Tauben zu entwirren. Eine Papiertaube reißt ein, dann eine zweite und eine dritte.

Harry geht auf Klaus zu. Seine Daumen stecken im Gürtel. Er ist ziemlich zornig. Klaus hebt die Ellbogen vors Gesicht. „Was habt ihr denn?“, fragt er. „Wir machen Frieden, du Trottel!“, brüllt Harry.

Renate Welsh

Im dritten Schuljahr kam Katja

Ingo und Karl waren immer Freunde gewesen. Sie haben sich immer gut vertragen. Aber im dritten Schuljahr kam Katja.

Und mit Katja kam die Eifersucht.

Ingo findet Katja schön. Karl findet Katja klug. Ingo mag an Katja, dass sie so schlagfertig ist. Karl mag an Katja, dass sie so schnell ist. Ingo liebt Katjas blonde Haare. Karl liebt Katjas grüne Augen. Ingo und Karl sind ganz verschossen in Katjas Sommersprossen, in Katjas Lachen, in Katja. Und Katja mag eigentlich beide gern, den Ingo und den Karl.

Jetzt haben Ingo und Karl einen furchtbaren Streit. Es fing damit an, dass Ingo und Karl auf dem Schulhof einen freundschaftlichen Ringkampf austrugen.

Katja guckte zu. Da wollte jeder von den beiden zeigen, dass er stärker war als der andere. Ach, hätten die beiden nur gewusst, dass Katja nicht die Bohne an starken Jungen interessiert ist!

Na ja, bei dem Ringkampf lag auf einmal Ingo unten. Da hat Ingo mit dem Knie fest in Karls Bauch gestoßen. Karl wimmerte und rollte von Ingo herunter. Ingo setzte sich auf Karl. Karl drehte Ingos Ohr um, dass es fast abgerissen wäre. Und so weiter.

Schließlich hatte Karl Nasenbluten und der Ingo eine dicke Beule am Kopf.

Seitdem beschimpfen sich Ingo und Karl, wenn sie sich nur von weitem sehen. Wenn sie sich näher kommen, prügeln sie sich. Und sie müssen sich dauernd sehen und kommen sich dauernd näher, weil ja beide immer dicht bei Katja sein wollen.

Der Katja geht das gewaltig auf die Nerven.

Karlhans Frank

Aufregung beim Schulfest

Endlich war der Tag des Schulfestes gekommen. Die Eltern hatten sich in der großen Aula versammelt.

Frau Kück hatte mit ihrer dritten Klasse eifrig die Vogelhochzeit geübt.

Es war mäuschenstill, als Simon zu singen begann. Auf einmal zitterte seine Stimme und das Lied brach ab.

Frau Kück flüsterte: „Fang noch mal an, Simon." Es war, als ob Simon sie gar nicht hörte.

Frau Kück wollte Simon gut zureden, da stürzte er plötzlich zu Boden. Er schlug mit Armen und Beinen um sich. Sein ganzer Körper versteifte sich und zuckte. Simons Augäpfel verdrehten sich und aus seinem Mund quoll ein wenig Schaum. „Vorhang zu!", rief Frau Kück.

Mama Krissel drängte sich durch die Menge.

Frau Kück kniete neben Simon und versuchte, seine Arme festzuhalten. „Nein, nein!", rief Mama Krissel. „Lassen Sie das! Er könnte sich die Arme brechen." Sie setzte sich auf den Bühnenboden und zog Simons Kopf in ihren Schoß. „Damit er sich nicht weh tut", sagte sie und Tränen schossen ihr in die Augen.

Eine Weile schlug Simon noch, dann hörte das Zucken auf.

Der Junge war totenblass und Schweiß perlte auf seiner Stirn.

„Was mag er nur haben", sagte Frau Kück ratlos.

„Ich glaube, es ist Epilepsie", sagte Frau Goseweit.

Mama Krissel nickte. „Es wird bald wieder gut sein, Frau Lehrerin", stammelte sie. „Er braucht nicht ins Krankenhaus. Simon wird jetzt lange schlafen, aber dann ist alles wieder gut..."

Willi Fährmann

Wie Simon Mitgefühl und Freunde in der Klasse findet, kannst du in dem Buch „Jakob und seine Freunde" von Willi Fährmann lesen.

Mit den Händen sehen

„Hat der einen buschigen Schwanz“, sagt Birte. „Toll, und ganz weich ist er!“ Marcello streicht langsam mit der Hand über den Rücken des Fuchses. Pina betastet die Pfote. Sie fühlt nach den Krallen. Ganz genau tasten die drei den ausgestopften Fuchs ab. Nur so können sie sich vorstellen, wie dieses Tier aussieht. Birte, Marcello und Pina können nicht sehen.

Die Kinder gehen in eine Schule für Blinde. Pina, Marcello und Birte sind in der dritten Klasse. Sie lernen alles, was sehende Kinder auch lernen. Nur ein bisschen anders.

Blinde haben eine eigene Schrift. Jeder Buchstabe und jede Zahl besteht aus kleinen Erhebungen auf dem Papier. Die kann man mit den Fingerspitzen fühlen. Die Kinder benutzen zum Schreiben keinen Stift. Sie brauchen für die Blindenschrift eine besondere Schreibmaschine. Mit den Fingern „sehen“ sie, was sie geschrieben haben.

Alle drei toben, laufen und klettern gern. Birte ist sehr mutig. Sie ist schon ganz allein auf einen hohen Baum geklettert. „Wie soll ich denn wissen, wie ein Baum aussieht, wenn ich nicht hinaufklettere?“, sagt sie.

Lien darf in die Schule

Lien lebt in Vietnam. Das ist ein Land in Asien. Liens Eltern sind Reisbauern. Sie sind sehr arm. Deshalb müssen Lien und ihre Brüder mitarbeiten.
Schon früh am Morgen fährt Lien mit ihrer Mutter im Boot zu den Reisfeldern. Dort arbeiten sie bis zum Nachmittag. In der einen Hand hält Lien ein Bündel junger Reispflanzen. Mit der anderen Hand setzt sie immer eine Pflanze in den Boden und drückt sie fest.
Heute spürt Lien die kalten Füße und den steifen Rücken nicht. Sie ist ganz aufgeregt. Endlich wird ihr größter Traum wahr. Sie lernt lesen und schreiben.
Am Nachmittag ist Liens erster Schultag. Mit dem Boot fährt sie zur Schule auf der anderen Flussseite. Der Lehrer gibt den armen Kindern nachmittags Unterricht. So können sie ihren Eltern helfen und trotzdem etwas lernen.
Vater begleitet Lien noch bis zum Eingang. Dann geht er ins Dorf, um noch ein paar Besorgungen zu machen.

Das Schulgebäude ist wirklich nichts Besonderes. Es besteht nur aus einem einzigen Raum. Die nackten Ziegelwände wirken kalt und trostlos. Aber die Bilder an den Wänden hätte Lien stundenlang betrachten können. Lien merkt schnell, dass die

Buchstaben, die sie bisher kennt, nicht ausreichen, um lesen zu können, was unter der Zeichnung geschrieben steht.

Der Lehrer fragt sie, was sie schon kann. Sie erzählt von ihrem Onkel Binh und malt die Buchstaben, die sie bei ihm gelernt hat, an die Wandtafel.

Die Zeit bis zum Einbruch der Dunkelheit vergeht schnell. Lien hofft, der Lehrer würde ihnen noch ein paar neue Buchstaben zeigen. Aber da ist der Unterricht schon zu Ende. „Es ist zu dunkel“, sagt der Lehrer. „Und wenn man kein Licht hat, kann man selbst die größten Buchstaben nicht mehr erkennen. Morgen Nachmittag geht es weiter.“ Lien ist enttäuscht, dass nach einer Stunde schon alles vorbei sein soll, nur weil es dunkel wird. Aber zum Glück geht es ja morgen Nachmittag wieder weiter.

Hans-Martin Große-Oetringhaus

Paul Klee: Herzdame

Herzklopfen

Es ist etwas Eigenartiges,
sein eigenes Herz klopfen zu hören –
etwas geheimnisvoll Nahes.
Manchmal spüre ich es nur,
wenn es zu schnell klopft,
und bekomme Angst.
Manchmal klopft es mir
zum Hals hinauf
oder rutscht in die Knie
und ab und zu sogar in die Hose.
Ist das Herz wieder oben,
vergesse ich schnell, dass es klopft.
Aber neulich habe ich
meinen Puls gefühlt
und ein Lied dazu gesungen.
Das ging mir zu Herzen,
aus dem es kam.

Fredrik Vahle

Von den fünf Sinnen

Wo immer ich gehe, ob draußen, ob drinnen,
tagtäglich gibt's viel zu entdecken.
Ich möchte gut riechen und fühlen und hören,
ich möchte gut sehen und schmecken.

Drum übe ich Riechen, gebrauch meine Nase.
Ich suche verschied'ne Gerüche.
Ich schnupper im Garten, im Wald, auf der Straße,
beim Einkauf, im Zoo, in der Küche.

Blumenkohl, Vergissmeinnicht,
Raubtierkäfig, Gartenerde,
Äpfel, Zimt und Autogase,
alles das erkennt die Nase.

Wo immer ich gehe, ob draußen ob drinnen …

Drum übe ich Tasten mit Fingern und Händen.
Ich fühle das Raue, das Glatte.
Was rund ist und eckig, aus Stoff oder Leder,
was hart oder weich ist wie Watte.

Nähgarnröllchen, Perlen, Sand,
Wäscheklammern, Nagelfeile,
Schwamm und Bürste, kalte Wände,
alles fühlen meine Hände.

Wo immer ich gehe, ob draußen ob drinnen …

Drum spitz ich die Ohren und lausch immer wieder.
Ich hör auf Geräusche und Töne,
auf Lautes und Leises, ganz fern und ganz nahe,
auf sanfte Musik und Gedröhne.

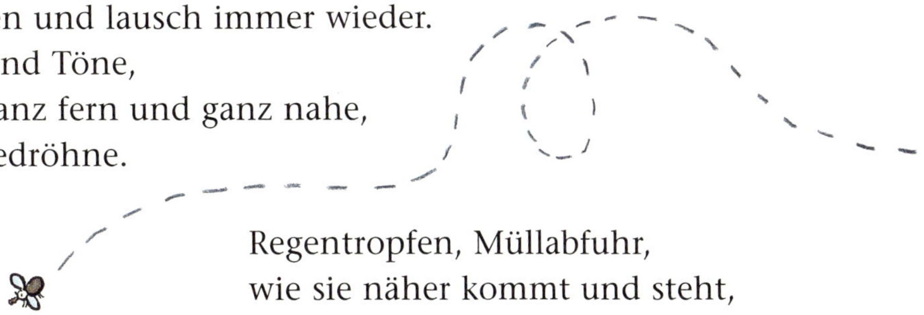

Regentropfen, Müllabfuhr,
wie sie näher kommt und steht,
Klopfen, Sägen, Ticken, Bohren,
das erkennen meine Ohren.

Wo immer ich gehe, ob draußen ob drinnen …

Drum übe ich Sehen, ich schau und betrachte,
was wächst und was fliegt und was flimmert,
was schnell ist und langsam, was winzig und riesig,
was schleicht und was saust und was schimmert.

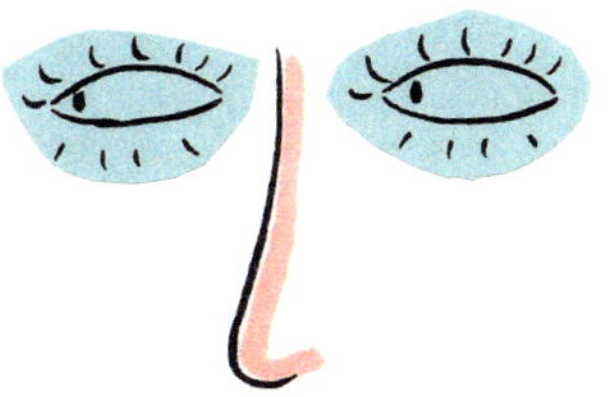

Wolken, Sterne und den Mond,
Menschen, Tiere und Maschinen,
Gräser, die im Winde wehen,
können meine Augen sehen.

Wo immer ich gehe, ob draußen ob drinnen …

Drum übe ich Schmecken, beim Trinken und Essen,
kau gründlich, denn das ist sehr wichtig.
So kann meine Zunge sehr sorgfältig schmecken,
erkennt alle Speisen ganz richtig.

Saure Gurken, süßes Obst,
salz'ge Brezel, bitt're Tropfen,
Saft zum Trinken, Eis zum Schlecken,
das kann meine Zunge schmecken.

Lore Kleikamp

Wellen in der Luft

Wie sich Wellen bilden, wenn du einen Stein ins Wasser wirfst, gibt es auch Wellen in der Luft. Unsere Ohren empfangen diese unsichtbaren Schallwellen. Sie werden vom Gehirn als Töne und Geräusche wahrgenommen.

Unser Gehirn arbeitet immer, auch nachts. Deshalb hören die Ohren auch im Schlaf. Die Geräusche werden aber „gefiltert“, damit uns nicht jeder Laut, den wir hören, aufweckt. Vertraute Geräusche überhören wir oft im Schlaf, aber wenn wir nicht ganz besonders tief und fest schlafen, lassen uns ungewohnte Geräusche aufschrecken.

Bei manchen Kindern und Erwachsenen ist das Gehör von Geburt an oder durch eine Krankheit geschädigt. Es kann sein, dass nach einer scheinbar harmlosen Kinderkrankheit eine Schwerhörigkeit zurückbleibt.

Schwerhörig kann man aber auch werden, wenn man an seine Ohren zu viel Krach, zum Beispiel zu laute Musik lässt. Kann man nicht mehr richtig oder gar nicht hören, ist man im alltäglichen Leben behindert. Man versteht nicht, was andere sagen, und muss von den Lippen ablesen oder mit Gebärden sprechen. Vögel hört man nicht singen und man hört auch nicht, wenn Autos hupen.

Deshalb: Sei nett zu deinen Ohren, du hast nur zwei!

Lass deine Ohren nicht zu lange von zu viel Lärm beschallen. Versuch einmal nichts zu hören und horch, wenn es ganz still um dich herum ist, in dich hinein.
Wenn du in eine große Muschel hineinhörst oder mit den hohlen Händen dein Ohr umschließt, kannst du das Blut durch deine Adern rauschen hören.

Manchmal passiert es uns, dass wir eine Melodie hören und sie nicht mehr aus dem Kopf kriegen: „Ohrwürmer“ sind Lieder, die einfach im Ohr bleiben. Auch wenn man sie nur einmal hört. Sie sind aber für die Ohren ganz ungefährlich – wenn du deine Ohrwürmer nur nicht zu laut hörst!

Weil ich bin

Ich atme ein, ich atme aus,
die Luft geht rein, die Luft geht raus.

Ich gehe vorwärts, Schritt für Schritt,
ein Fuß geht mit dem andern mit.

Ich denke leise, so für mich:
Weil ich ich bin, bin ich ich.

Helmut Glatz

Brillen für jeden Zweck

Ursprünglich waren **Brillen** Sehhilfen für das menschliche Auge, um Sehfehler auszugleichen. Die erste Lesebrille bei uns gab es gegen Ende des 13. Jahrhunderts. Der Name „Brille“ leitet sich von ***berille*** ab. Berylle sind Bergkristalle, die so zu Linsen geschliffen werden konnten, dass Weitsichtigkeit ausgeglichen wurde. Es gibt schicke Brillen, die einerseits durch die optischen Gläser das Sehen leichter machen und andererseits durch Form, Farbe und Größe ihre Träger gut aussehen lassen.

Sonnenbrillen

Sonnenbrillen gibt es in unterschiedlichen Tönungen.
Sie schützen die Augen vor den gefährlichen UV-Strahlungen des hellen Sonnenlichts.
Der gefährliche Blauanteil des sichtbaren Lichts wird durch das besondere Glas für das Auge stark verringert. Die Ziffern 0, 1, 2, 3, 4 geben die Schutzstärke einer Sonnenbrille an.

Schutzbrillen bei der Arbeit

Schutzbrillen verwenden Menschen bei bestimmten Arbeiten, um ihre Augen vor Fremdkörpern zu schützen, z. B. beim Verarbeiten von Holz und Metall. Beim Schweißen tragen Arbeiter Schutzbrillen, da die Gefahr der „Verblitzung“ sehr hoch ist. „Verblitzung“ ist eine schwere Verletzung des Auges durch Verbrennung.
In Chemielabors und Arztpraxen sind Schutzbrillen wichtig, um Menschen vor gefährlichen Stoffen wie Säuren oder vor Strahlen zu schützen.

Schutzbrillen beim Sport

Die **Schwimmbrille** ist eine Sportbrille, die Sportler vor Augenreizungen durch das Chlor- oder Salzwasser schützt. Zwei kleine Gläser, die über einen schmalen Nasensteg verbunden sind, liegen eng um die Augenhöhle an. Mit einem Gummiband um den Kopf wird die Schwimmbrille festgehalten.

Fahrradbrillen sind Sportbrillen, die das Auge sowohl vor Schnee oder Regen als auch vor Staubkörnern, Insekten und Ähnlichem schützen. Zudem würde der Fahrtwind die Augen stark austrocknen.
Das Brillenglas legt sich seitlich um die Schläfen, damit der normale Blickwinkel im Verkehr nicht eingeengt wird.

Auch **Schibrillen** haben ähnliche Schutzaufgaben wie Fahrradbrillen. Zusätzlich schützt eine Tönung die Augen vor der schädlichen UV-Strahlung und vor Schneeblindheit.

Mit der **Tauchermaske** oder **Taucherbrille** sieht der Taucher auch unter Wasser gut.
Sie besteht aus einem Hohlkörper mit einem Rahmen aus weichem Gummi oder Silikon. Vorne ist eine größere Sichtscheibe eingesetzt. Taucher sehen damit unter Wasser alles schärfer, weil die Augen nicht direkt mit dem Wasser in Berührung kommen und der Luftraum zwischen Wasser und Auge sogar eine leichte Vergrößerung bewirkt.

Ist ja auch nichts für ein Mädchen

Eigentlich hatte es ganz friedlich angefangen. Jürgen war über den Zaun gesprungen und Anke ihm nach.

„Prima!“, sagte er. „Aber jetzt kommst du nicht mehr drüber.“ Und er hatte einen Stock oben über die Pfähle gelegt. „Das ist zu hoch für dich.“ Anke schaffte es aber doch. „Na ja“, sagte Jürgen. Dann rannten sie los. Anke war schneller. Sie standen da, keuchten und schnappten nach Luft und Jürgen war sauer.

Anke lachte. „Ruh dich aus“, sagte sie und setzte sich ins Gras. Jürgen kaute auf einem Holzspan herum und spuckte ihn aus. Starrte in die Ferne. „Für'n Mädchen bist du ganz gut“, sagte er. „Aber wenn wir'n Ringkampf machen, verlierst du.“ Anke zuckte die Achseln. „Traust dich ja auch nicht.“ „Schon“, sagte Anke. „Überhaupt nicht“, sagte Jürgen. „Ist ja auch nichts für'n Mädchen.“ Anke stand auf. „Geh'n wir?“, sagte Jürgen.

„Wenn du unbedingt willst …“ „Was?“, fragte Jürgen. „Na, den Ringkampf“, sagte Anke. „Nachher tu ich dir weh und dann heulste“, sagte Jürgen. „Du!“, sagte Anke. „Du Plüschtiger!“

Und dann packten sie sich. „Wer mit beiden Schulterblättern auf die Erde kommt, hat verloren“, rief Jürgen. Er versuchte, sie seitlich runterzudrücken. Anke wand sich aus seinen Händen. Beim zweiten Mal stieß er ihr von hinten sein Bein in die Kniekehlen. „Das ist gemein!“, schrie Anke. Er hatte einen Arm um ihren Hals gelegt und wollte sie aus dem Stand ziehen. Aber das schaffte er nicht. Er ließ los und fing an, sie zu kitzeln.

Da kriegte Anke Wut. Sie schmiss sich voll auf ihn. Als sie unter seinem Arm durchgriff, spürte sie, dass sie stärker war. Sie duckte sich leicht und auf einmal hatte sie Jürgen über ihre Schultern geworfen, er lag da und sie kniete auf ihm. Ganz schnell war das gegangen. Sein Gesicht war vor Wut verzerrt. „Beide Schulterblätter auf der Erde!“, schrie Anke.

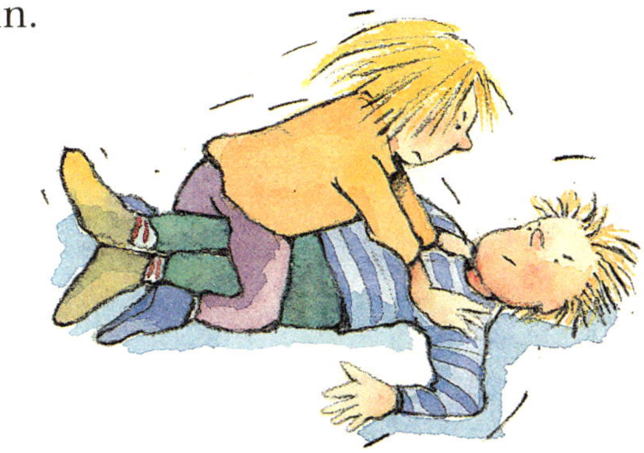

„Lass mich los“, sagte Jürgen. „Hörst du – du sollst mich loslassen!“ „Ich hab aber gewonnen“, sagte Anke. „Gibst du's zu?“ Sie sprang zur Seite. Jürgen kam hoch und klopfte sich die Kleider ab.

„Gar nichts geb ich zu“, sagte er. „Du bist gemein!“, schrie Anke. „Ich hab gesiegt! Ich bin stärker als du.“ „Ich würd den Mund halten“, sagte Jürgen, „oder findest du das toll für'n Mädchen?“ „Wieso?“, sagte Anke. „Naja“, sagte Jürgen. „Du willst doch wohl nicht Boxer werden oder Preisringer?“ Er saß auf einem Stein und zupfte an seinem Strumpf herum. Er grinste. „Das Mädchen, das jeden schlägt“, sagte er. „Die Frau mit den eisernen Fäusten. Glaubst du, dass sich für so eine jemals ein Junge interessiert?“

Anke blickte ihn an. Schwieg. „Du kannst natürlich auf dem Jahrmarkt Geld verdienen. Als Muskeltante“, sagte Jürgen, „'n Mann kriegst du sowieso nicht. So was mag doch keiner.“

„Rutsch mir doch den Buckel runter!“, sagte Anke. Sie drehte sich um und ging weg. Tränen schossen ihr in die Augen. Es war mehr aus Wut. „He!“, rief Jürgen und sprang auf. „Wohin willst du denn? Bleib doch!“ rief er. „Ich hab's doch nicht so gemeint. Ich mag dich doch“, sagte er.

Aber das hörte sie schon nicht mehr.

Gina Ruck-Pauquèt

Franz Marc: Rehe im Walde II

Im Park

Ein ganz kleines Reh stand am ganz kleinen Baum
still und verklärt wie im Traum.
Das war des Nachts elf Uhr zwei.
Und dann kam ich um vier
morgens wieder vorbei
und da träumte noch immer das Tier.
Nun schlich ich mich leise – ich atmete kaum –
gegen den Wind an den Baum
und gab dem Reh einen ganz kleinen Stips.
Und da war es aus Gips.

Joachim Ringelnatz

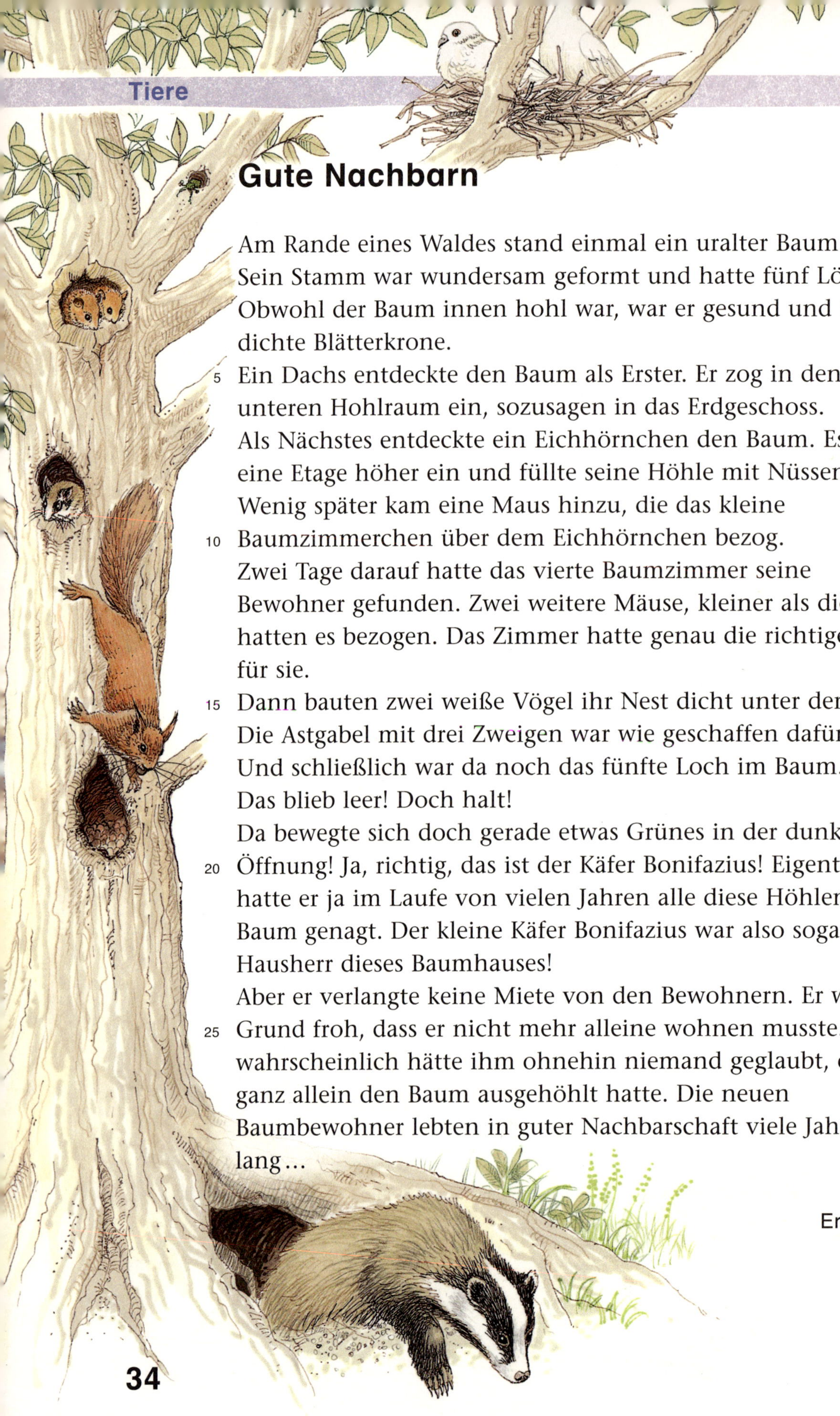

Gute Nachbarn

Am Rande eines Waldes stand einmal ein uralter Baum. Sein Stamm war wundersam geformt und hatte fünf Löcher. Obwohl der Baum innen hohl war, war er gesund und trug eine dichte Blätterkrone.

Ein Dachs entdeckte den Baum als Erster. Er zog in den unteren Hohlraum ein, sozusagen in das Erdgeschoss. Als Nächstes entdeckte ein Eichhörnchen den Baum. Es zog eine Etage höher ein und füllte seine Höhle mit Nüssen. Wenig später kam eine Maus hinzu, die das kleine Baumzimmerchen über dem Eichhörnchen bezog. Zwei Tage darauf hatte das vierte Baumzimmer seine Bewohner gefunden. Zwei weitere Mäuse, kleiner als die erste, hatten es bezogen. Das Zimmer hatte genau die richtige Größe für sie.

Dann bauten zwei weiße Vögel ihr Nest dicht unter der Krone. Die Astgabel mit drei Zweigen war wie geschaffen dafür. Und schließlich war da noch das fünfte Loch im Baum. Das blieb leer! Doch halt! Da bewegte sich doch gerade etwas Grünes in der dunklen Öffnung! Ja, richtig, das ist der Käfer Bonifazius! Eigentlich hatte er ja im Laufe von vielen Jahren alle diese Höhlen in den Baum genagt. Der kleine Käfer Bonifazius war also sogar der Hausherr dieses Baumhauses!

Aber er verlangte keine Miete von den Bewohnern. Er war im Grund froh, dass er nicht mehr alleine wohnen musste. Und wahrscheinlich hätte ihm ohnehin niemand geglaubt, dass er ganz allein den Baum ausgehöhlt hatte. Die neuen Baumbewohner lebten in guter Nachbarschaft viele Jahre lang …

Erwin Moser

Waldmaus

Name: *Apodemus sylvaticus* (lat.)

Aussehen: Felloberseite: gelblich-graubraun; Bauch: weiß-grau; Flanken: gelblich; von der Kehle bis zur Brust zieht sich ein gelblicher Streifen durch das Fell; Augen und Ohren: auffällig groß;

Lebensraum: Laub- und Mischwälder, Hecken, Felder, Parks und Gärten;

Nahrung: Allesfresser: hauptsächlich Kräuter- und Gräsersamen, Nüsse, Eicheln, Körner, Knospen, Beeren, Früchte, Pilze, Insekten, Würmer und Schnecken; legt sich einen Nahrungsvorrat für den Winter an;

Vermehrung: drei bis vier Würfe im Jahr mit drei bis neun nackten und blinden Jungen; die Jungen werden mindestens zwei Wochen gesäugt und sind dann selbstständig;

Lebensweise: dämmerungs- und nachtaktiv, sehr scheu, läuft und klettert flink und gewandt, kann bis zu 80 cm weit springen; lebt in Nestern im Boden oder unter Baumwurzeln, aber auch in alten Maulwurfsgängen; sucht im Winter gerne die Nähe von Menschen.

Dachs

Name: *Meles meles* (lat.)

Rote Waldameise

Name: *Formica rufa* (lat.)

Franziskus, der Mann aus Assisi

In dem nahe gelegenen Städtchen Gubbio war ein Wolf, den alle fürchteten. Wenn er hungrig war und nirgends ein Schaf fand, fraß er Männer, Frauen und Kinder.

Franziskus ging zu den Leuten und sagte: „Ich will versuchen, euch vor dem Wolf Ruhe zu verschaffen." Er rief den Wolf herbei und sprach zu ihm: „Es ist nicht recht, Bruder Wolf, dass du die guten Leute in Gubbio angreifst. Wenn du mir versprichst, keinem mehr etwas zu Leide zu tun, will ich mit den Leuten reden, dass sie dich füttern sollen, solange du lebst. Bist du damit einverstanden?"

Der Wolf nickte mit dem Kopf und legte sich friedlich dem Franziskus zu Füßen nieder. Am Abend gingen sie, Franziskus und der Wolf, nebeneinander her auf den Marktplatz.

Franziskus rief die Leute zusammen und sprach: „Fürchtet euch nicht! Der Wolf wird keinem von euch mehr schaden. Versprecht mir in Gottes Namen, dass ihr ihm jeden Tag Futter gebt, solange er lebt."

Die Leute waren froh und riefen: „Das wollen wir gerne tun!"

Da sagte Franziskus zum Wolf: „Gib mir vor allen Leuten ein Zeichen, dass du dein Versprechen halten wirst." Der Wolf richtete sich auf und legte dem Franziskus seine Pfote in die Hand.

Von diesem Tag an ging der Wolf täglich von Haus zu Haus und die Leute fütterten ihn. Sogar die kleinen Kinder fürchteten sich nicht und stellten Schüsselchen mit Milch vor ihn hin.

Nach zwei Jahren starb der Wolf. Viele Leute weinten, als sei ihnen ein guter Freund gestorben, oder wie Franziskus sagte: ein Bruder.

Nacherzählt von Josef Quadflieg

In dem farbenprächtigen Buch von Josef Quadflieg „Franziskus: der Mann aus Assisi" findest du viele Geschichten über diesen bedeutenden Heiligen.

Das Eichhörnchen

Von Verstecke zu Verstecke,
gradezu und um die Ecke,
sieh mich klettern
zwischen Blättern,
sieh mich springen,
sieh mich purzeln,
in den Wipfeln,
bei den Wurzeln,
bald auf Bäumen,
bald im Busch –
hin und her
in raschem Husch.

Hedwig Diestel

Das ästhetische Wiesel

Ein Wiesel
saß auf einem Kiesel
inmitten Bachgeriesel.

Wisst ihr
weshalb?

Das Mondkalb
verriet es mir
im Stillen:

Das raffinierte Tier
tat's um des Reimes willen.

Christian Morgenstern

Die Geschichte vom Kuckuck

Seit langer Zeit fliegt zwischen den Vögeln im Wald so ein graubrauner Kamerad herum. Ein Spaßvogel, ein Kichervogel, der kichern kann wie ein lustiges älteres Fräulein. Der zwischen den anderen Vögeln herumhüpft und Späße macht, um sie zu erheitern.

Er kann nämlich sonst gar nichts. Er kann sich nicht wie ein Falke aus der Luft nach unten fallen lassen und dann wieder hochziehen. Er kann auch nicht wie eine Lerche oben mitten in der Luft stehen bleiben und dort trillern.

Er kann nicht einmal singen wie ein Zeisig oder ein Stieglitz. Und wer gar nichts kann, gehört auch nicht zur Vogelgemeinschaft. Also versuchte er immer, die anderen mit seinem Kichern zu belustigen.

Aber das hat nichts genutzt. Sie haben ihn nur verspottet und verhöhnt, weil er nämlich obendrein auch noch stottert.

„Da da da da ko ko ko kommt ja wieder der Kikikikikichervogel. Hahahahahau ab, du!"

Dann hat er für die anderen Vögel Würmer gesammelt, weil er sich nützlich machen wollte, er dachte, sie würden ihn dann etwas lieben.

Das hat auch nichts genutzt. Sie haben ihn wieder verspottet. Nur weil er etwas stottert.

Er hat Nester für sie gebaut, hat sie weich mit Moos gepolstert. Er hat gedacht, wenn sie weicher sitzen, würden sie auch freundlicher über ihn denken. Oder etwas brauchen. Aber sie haben die Würmer gefressen, haben sich in den Nestern bequem zurechtgesetzt, haben aber weiter über ihn gespottet.

„Du Kikikikikikichervogel, du dummer."

Nur weil er ein ganz kleines bisschen stottert.

Da schenkte er ihnen das Beste und Einzige, was ein Vogel zu verschenken hat, nämlich seine Eier. Er legte hier mal einem eines ins Nest und da mal einem. Damit sie wenigstens an ihn denken.

„Kuck kuck kuck do do doch mal, ich hab dir ein a a a a Ei geschenkt. Freust du dich?“

Aber auch das nutzt nichts. Sie verspotten ihn weiter und er fliegt auf den Bäumen herum, schenkt ihnen seine Eier und ruft: „Kuck kuck doch mal…“

Meistens nur noch: „Kuck kuck…“

Sie hören ihm ja doch nicht zu, was er sagen will. Nur weil er etwas stottert.

Janosch

Aus einem Lexikon

Kuckuck, Cuculus canorus

Der sehr scheue, etwa taubengroße Vogel hat ein blau-graues Gefieder an Oberseite und Kehle. Die weiße Unterseite ist mit dunklen Linien gebändert.

Er bewohnt Laubwälder und Parks und ist auch im Gebirge anzutreffen. Als Zugvogel lebt der Kuckuck bei uns nur von April bis Oktober. Dann zieht er nach Afrika und überwintert südlich des Äquators.

Man sieht den Kuckuck nur selten, kann aber – besonders im Mai und Juni – den Ruf des Männchens auch in der Nacht häufig hören.

Das Weibchen legt je eines seiner Eier in die Nester von Singvögeln. Nach 11–13 Tagen schlüpft das Junge und wirft die Eier und Jungvögel seiner „Wirtseltern“ aus dem Nest (→ Schmarotzer).

19–24 Tage wird es im Nest von den Eltern gefüttert und nach dem Ausfliegen noch bis zu zwei weitere Wochen.

Der Kuckuck ernährt sich vor allem von Insekten, z. B. Schmetterlingsraupen.

In Tierlexika und im Internet findest du solche Sachtexte auch über andere Tiere.

Anpassung ist das halbe Leben

Die Tiere in der Stadt haben sich längst an das künstliche Licht in der Nacht, an den Lärm der Autos und Motorräder und an die Menschen gewöhnt. Kirchtürme, Hochhäuser, Fabrikhallen und Dachböden ersetzen ihnen Felsen und Baumhöhlen. Die Stadt verändert das ursprüngliche Verhalten der Tiere: Nur die Tierarten, die sich an die neue Umgebung anpassen, können überleben.

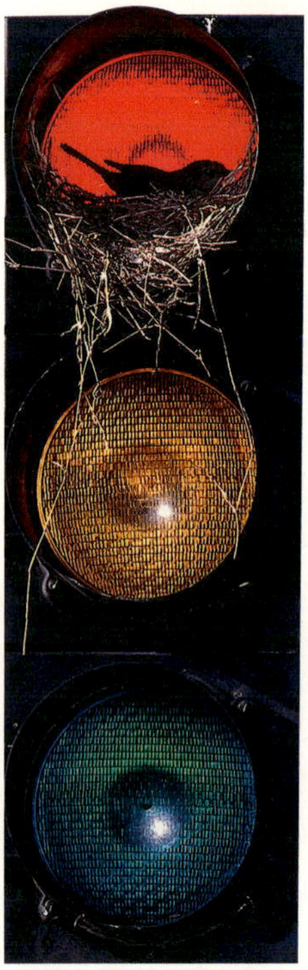

Fledermäuse finden Platz und Wärme auf Dachböden und in Kirchtürmen. Schleiereulen brüten in Speichern und Kirchtürmen. Turmfalken sitzen auf Hochhausdächern oder Fernsehtürmen und lauern auf Beutetiere. Mauerlöcher, Dachvorsprünge und Simse locken Mauersegler, Haustaube und Hausrotschwanz an, die ursprünglich in steilen Gebirgswäldern brüteten.

Vögel benutzen Zahnbürsten, Haarklammern, Plastik, Lumpen und vieles andere statt natürlichem Stroh und Moos zum Nestbau, wenn es nichts anderes gibt. Auch bei der Wahl ihrer Brutstätten sind sie erfinderisch. Es kann dann sein, dass mitten im Straßenlärm eine Amsel ihr Nest ausgerechnet in der Verkehrsampel baut.

Wenn sich die Verwandten aus Wald und Flur im Herbst auf die weite Reise in den Süden aufmachen, bleiben die Stadtvögel auf den Fernsehantennen und Straßenlaternen hocken. Ihr Zugtrieb ist erloschen, denn in den Städten ist es wärmer und Nahrung gibt es das ganze Jahr über genug.

Viele Tierarten können sich in der Stadt sehr stark vermehren. Sie finden ein Überangebot an Nahrung vor und sind vor Kälte geschützt. Daher findet keine Auslese durch Hunger und Kälte statt, wie sie die Natur vorgesehen hat. So können einige Tiere für den Menschen zur Plage werden. Mäuse, Ratten und Wildkaninchen halten sich schadlos an den Vorräten der Menschen.

Steinmarder klettern in den Motorraum von Autos und knabbern Leitungen an. Sogar Bauwerke und berühmte Denkmäler sind in Gefahr: Wo die Hinterlassenschaft einer Taube nur ein Schönheitsfleck wäre, zerfrisst der Kot von hunderten selbst den härtesten Stein.

Es ist Nacht. Jetzt werden im Stadtpark viele Tiere munter und gehen auf Nahrungssuche. Die Spaziergänger vom Tage würden ihren Augen nicht trauen: Mitten durch den Park schleicht ein Fuchs. An der Abfalltonne macht er Halt und stöbert nach Leckerbissen: Hähnchenreste, belegte Brote und andere Abfälle stehen auf seinem Speisezettel. Genüsslich verspeist er sein Mahl. Dann unternimmt er noch einen kleinen Stadtbummel. Bevor es wieder hell wird, zieht er sich in seinen Unterschlupf zurück, ein Erdloch am Bahndamm. Am Tag lässt sich der Fuchs nicht blicken.

Mit dem Leben in der Stadt kommen außer dem Fuchs noch einige andere Wildtiere gut zurecht: Eichhörnchen, Igel, Vögel, Wildkaninchen, Steinmarder, Dachs, Waschbär. Zusammen mit Hausmaus, Wanderratte und vielen Insekten leben sie in enger Nachbarschaft mit den Menschen.

Gärten und Parks bieten vielen Wildtieren Platz und Unterschlupf. Nahrung ist reichlich im Angebot. Vögel versorgen sich mit Beeren, Obst und Insekten. Die Räuber unter den Stadtbewohnern können Mäuse, Ratten, Maulwürfe, Wildkaninchen und Vögel erbeuten. Müllkippen sind eine Hauptnahrungsquelle für Möwen und Ratten. Auch die Gebäude in den Städten und Vorstädten bieten den Tieren eine reiche Auswahl an neuen Lebensräumen.

Jutta Filzek

Karin Kuhlmann: Aztekischer Talisman

Der Künstler Kytom L. fotografierte eine Rohrzange und stellte das Foto ins Internet. Dann forderte er andere auf, mithilfe der Bildbearbeitung am Computer aus der Zange ein Kunstwerk zu schaffen.

Computer-Kunst

Das Foto einer Rohrzange
auf dem Bildschirm.

Die Idee einer Künstlerin.
Die Möglichkeiten des Computers.

Programme der Bildbearbeitung:
freistellen,
kopieren,
filtern,
Farben verändern.

Neues entsteht.
Das Bild:
„Aztekischer Talisman“.

Gisela Zach

Schlangenmilch

Lissy ist mit ihren Eltern nach Brasilien gezogen. Sie hat an ihre alte Klasse eine E-Mail geschickt.

Lissy

Von:	Lissy
An:	Diesterwegschule
Gesendet:	Freitag, 13. Mai, 12.05 Uhr
Betreff:	Grüße aus Brasilien

Liebe 3b und liebe Frau Kern,

wisst ihr, wo ich jetzt wohne?
In São Paulo in Brasilien!!

Das ist ziemlich weit weg von euch. Wir sind insgesamt 18 Stunden geflogen. Ihr müsst mal auf dem Globus sehen, wo Brasilien liegt. Fast auf der anderen Seite der Erde.

Am Wochenende haben wir eine Schlangenfarm besucht, in der Schlangen gezüchtet werden. Dort durfte ich zusehen, wie die Schlangen gemolken werden.

Ich lerne jetzt in der Schule Portugiesisch.
Até mais! Das heißt Tschüs und bis bald.
Schreibt mir, was es Neues in der Schule gibt!

Eure Lissy

„Igitt!“, – „Schlangenmilch!“, – „Das gibt’s doch gar nicht!“, rufen die Kinder durcheinander. „Wie soll denn das funktionieren?“, fragt Tom. „Mit einer Maschine vielleicht? Niemals!“ „Ich hab eine Idee“, sagt Micha, „wir suchen im Internet.“ Alle stürzen an die Computer. Die Kinder tippen

„Schlangen“ in verschiedene Suchmaschinen ein. Bald wimmelt es auf allen Bildschirmen nur so von Schlangen: Klapperschlangen, Ottern, Vipern, Nattern, große, kleine, lange, riesige, giftige… Plötzlich ruft Lea: „Schlangenfarmen gibt es auch in Deutschland! Hier steht: Wie Schlangen gemolken werden.“

******** Schlangenfarm ********

Datei Bearbeiten Ansicht Favoriten Extras ?

Zurück Suchen Favoriten Medien

Adresse http://www.schlangenfarm-deutschland.de/ Wechseln zu

Mit sicherem Griff packt der Züchter die Schlange hinter dem Kopf und drückt seitlich auf die Kieferknochen. Die Schlange öffnet ihr Maul und schnellt ihre Giftzähne nach vorne. Nun drückt der Schlangenzüchter beide Giftzähne durch eine Gummihaut, die über ein Glas gespannt ist. Die Schlange meint, dass sie ihr Opfer gebissen hat, und spritzt ihr Gift in das Glas. Um möglichst viel von dem wertvollen Gift zu gewinnen, massiert der Züchter dabei die Giftdrüsen der Schlange. Eine Schlange kann etwa sechs Mal im Jahr gemolken werden.

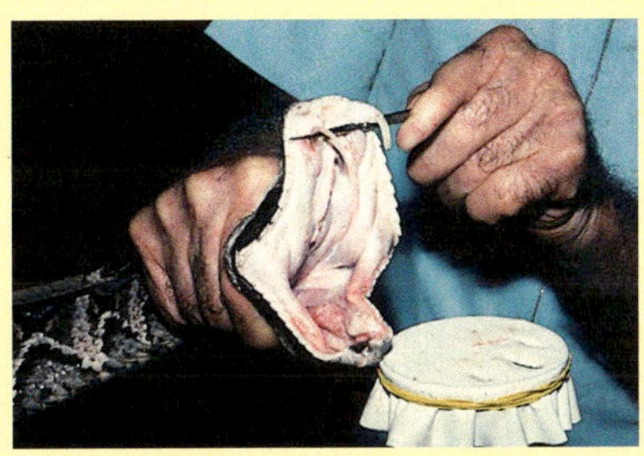

Auf großen Schlangenfarmen, z. B. in Brasilien, werden bis zu 10 000 Tiere verschiedener Schlangenarten gehalten. Nach dem Melken wird das Schlangengift sofort gefriergetrocknet. Es wird auch in Europa zu Medikamenten verarbeitet. Man stellt daraus Serum zur Behandlung von Schlangenbissen und andere Heilmittel her, mit denen man bei schweren Krankheiten helfen kann.

Fertig Internet

„Das ist ja spannend“, meint Tom. Auch die anderen Kinder haben Texte über Schlangenfarmen gefunden und ausgedruckt. „Wir müssen gleich an Lissy zurückmailen“, rufen alle.

Felix E. Emminger

Adventure-Game

Der Computer fragt Miri Vokabeln ab. Er hat Geduld. Immer wieder kommt er auf die Wörter zurück, die Miri nicht in den Kopf wollen. Er lobt Miri, wenn sie sich einen Begriff merkt. Der Computer warnt Miri sogar, wenn ein Wort folgt, das sie immer mit einem anderen verwechselt.

Zur Entspannung, nach Englisch, verziert Miri ihr Computer-Briefpapier. Den Brief an Rudi hat sie 13-mal umgeschrieben, verbessert, neu bemalt. Rudi hat auch einen Computer. Und Miri interessiert sich für ihn, für Rudi, für seinen Computer nicht ganz so sehr. Der Brief ist jetzt so schön, dass Miri sich kaum traut, ihn Rudi zu geben. Sie ruft die allererste Fassung aus dem Speicher auf, druckt sie aus.

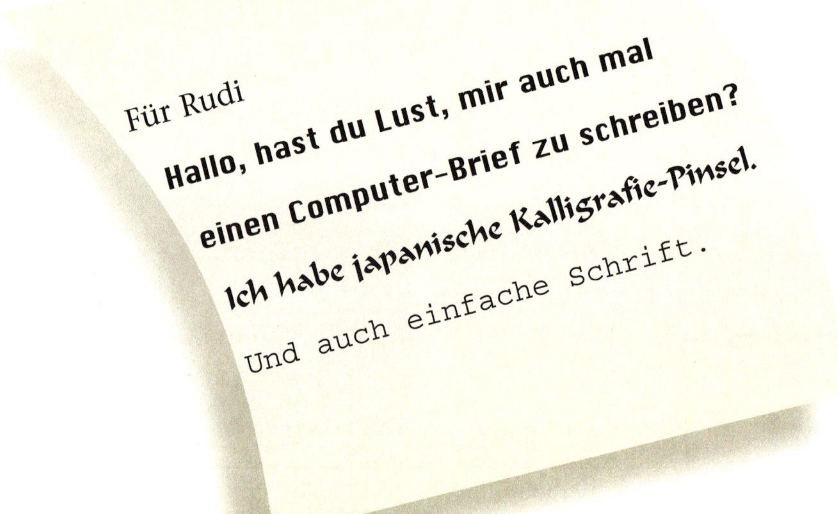

Für Rudi

Hallo, hast du Lust, mir auch mal einen Computer-Brief zu schreiben?

Ich habe japanische Kalligrafie-Pinsel.

Und auch einfache Schrift.

Am nächsten Tag, in der Mathestunde, schiebt Miri Rudi das Briefchen zu. Rudi grinst. Er schreibt: „Kannst ja heute Nachmittag zu mir kommen, ich habe 120 Spiele!"

Drei Stunden später sitzt Miri neben Rudi an dessen Computer. Rudi hat ein Spiel eingelegt. Die Joysticks auf den Oberschenkeln starren beide auf den Bildschirm: Wer reagiert schneller, bewegt den roten Knüppel geschickter hin und her?

Rudi natürlich, schließlich hockt er tagelang am Computer und knallt und schießt wie wild um sich.
„Sag mal, macht dir das eigentlich Spaß?“, fragt Miri.
„Wieso? Magst du lieber 'n anderes?“ Rudi wartet die Antwort nicht ab, legt ein neues Adventure-Game ein. Er sieht gebannt auf den Bildschirm, merkt nicht, wie Miri ihren Joystick beiseite legt und sein Zimmer betrachtet.
An den Wänden hängen Poster, überall liegen Disketten herum, auch einige Musik-CDs sind dazwischen. Die hätte Miri lieber angehört. Rudi brüllt auf: „Wahnsinn, Wahnsinn!“ Er hat seinen eigenen Geschwindigkeitsrekord unterboten.
Miri dreht sich zu ihm um: „Am besten spielst du nur noch gegen dich selbst!“ Rudi ist überrascht: „Was willst du eigentlich?“

Sabine Jörg

Computer-Lied

Du mein allerliebster guter
Personal-Computer:
Siehst so klug aus, bist so schnell
und dein Bildschirm leuchtet hell,
summst so friedlich,
druckst so niedlich
mir dein ganzes Wissen aus,
bist der Größte hier im Haus!
Du mein allerliebster guter
Personal-Computer:
Bist so freundlich, leicht zu tasten,
hast so furchtbar viel im Kasten.
Immer hast du für mich Zeit,
drum verzeihe meine Ehrlichkeit:
Eines macht mir noch Verdruss –
dass ich selber denken muss ...

Harald Braem

Fernsehen

Ich hole mir Videos und DVDs aus der Stadtbücherei. Die schaue ich mir über den Fernseher an.
Ich sehe mit meinem Papa immer alle Fußballspiele an.
Was ich am Fernsehen hasse, ist die Werbung.
?
Für meine Oma ist das Fernsehen gut. Die kann nicht mehr so viel laufen und sieht trotzdem viel.
Wenn die Leute nicht verreisen können, sehen sie im Fernsehen was über fremde Länder.
Krimis finde ich nicht gut, weil ich danach schlecht träume.

Unser lieber Fernsehapparat

„Die Glotze!“, nennt ihn Mutter nur
und Papa schimpft ihn „Kiste!“.
Die Oma sagt nur „Flimmerkasten,
den man vernageln müsste!“.

Ich find, er ist ein kluger Kopf,
kennt Tiere, Länder, Meere.
Ich lern’ von ihm und fühl’ dabei,
als ob vor Ort ich wäre.

Ich find, er ist geheimnisvoll,
bringt viele Abenteuer.
Steigt dann die Spannung, macht das nichts:
Mich schreckt kein Ungeheuer.

Ganz ehrlich, eins versteh ich nicht:
Die schimpfen auf den Kasten,
die lieben doch am meisten selbst:
die Fernbedienungstasten.

Britta Fuchs

Käpt’n Blaubär und Hein Blöd

Frau Quan schreibt Briefe

Frau Quan ist fit in EDV.
Sie kennt das Internet genau,
kann surfen, chatten, Mailbox leeren,
per Fax mit aller Welt verkehren.
Geschäftlich nutzt sie den PC,
denn das ist schließlich ihr Metier.

Doch wenn es um Privates geht,
dann hält sie nichts von dem Gerät.
Dann schreibt sie Briefe mit der Hand.
Die werden mit der Post versandt
und treffen sehr viel später ein,
doch, sagt sie, so viel Zeit muss sein.

Ihre beste Freundin Kitty
lebt weit weg in Kansas City
und Frau Quan schreibt häufig ihr
mit lila Tinte auf Papier,
das sie mit Comicstrips verziert,
mit bunten Stickern dekoriert.

In Kittys Briefen klebt am Rand,
was Kitty am Missouri fand:
gepresste Blumen oder Pflanzen,
über denen Mücken tanzen,
die Kitty hingezeichnet hat
als Gruß aus ihrer Kansasstadt.

Frau Quan hat solche Briefe gern.
„Hier kommt ins Haus, was sonst so fern.
Ich kann es riechen und berühren,
kann die Missouripflanze spüren,
und Freundin Kitty ist mir nah,
als wäre sie tatsächlich da.“

Natürlich braucht der Briefverkehr
mehr Zeit und fällt drum manchem schwer.
„Ich spare Zeit“, sagt sich Frau Quan,
„damit ich sie genießen kann.
Und Briefe schreiben, Briefe kriegen
ist eines meiner Topvergnügen.“

Irmela Brender

Anthonis van Dyck: Jungfrau und Kind bei der Krippe

Die Heilige Nacht

Gesegnet sei die Heilige Nacht,
die uns das Licht der Welt gebracht! –

Wohl unterm lieben Himmelszelt
die Hirten lagen auf dem Feld.

Ein Engel Gottes, licht und klar,
mit seinem Gruß tritt auf sie dar.

Vor Angst sie decken ihr Angesicht,
da spricht der Engel: „Fürcht't euch nicht!“

„Ich verkünd' euch große Freud:
Der Heiland ist euch geboren heut.“

Da gehn die Hirten hin in Eil',
zu schaun mit Augen das ewig Heil;

zu singen dem süßen Gast Willkomm,
zu bringen ihm ein Lämmlein fromm. –

Bald kommen auch gezogen fern
die heilgen drei König' mit ihrem Stern.

Sie knien vor dem Kindlein hold,
schenken ihm Myrrhen, Weihrauch, Gold.

Vom Himmel hoch der Engel Heer
frohlocket: „Gott in der Höh sei Ehr!“

Eduard Mörike

Kleine Geschenke im Advent

„In diesem Jahr habe ich mir für die Adventszeit etwas ganz Besonderes überlegt“, sagte Frau Holzmann und zog einen Stoffbeutel aus ihrer Mappe. „Ich habe die Namen aller Kinder auf kleine Kärtchen geschrieben. Nun dürfen alle ein Kärtchen aus dem Beutel nehmen. Es ist wichtig, dass der Name auf dem Kärtchen geheim bleibt. Denn für das Kind, dessen Namen ihr gezogen habt, sollt ihr einen Wichtel spielen.“

„Was ist ein Wichtel?“, fragte Julian. „Ein Wichtel bereitet einem anderen Kind in jeder Adventswoche eine kleine Überraschung. Das Kind soll nicht merken, wer ihm eine Freude gemacht hat“, erklärte Frau Holzmann.

Bald darauf entdeckte Julian in seiner Jackentasche einen blau schimmernden Stein, der genau in seine Sammlung passte. Wer war sein Wichtel? Der Wichtel musste ihn genau kennen. In der nächsten Woche fand er einen bunten Radiergummi und als er erkältet war, lagen plötzlich zwei Halsbonbons auf seinem Tisch.

Fast alle Kinder ahnten nach einiger Zeit, wer ihr Wichtel gewesen war. Es war eine schöne Zeit der Geheimnisse und Überraschungen. Nur Julian wusste immer noch nicht, wer sein Wichtel war.

Am letzten Schultag fand er einen kleinen klebrigen Kuchen in seiner Tasche. Er zeigte ihn seiner Mutter, als er nach Hause kam. „Oh, das ist so ein türkisches Gebäck!“, rief sie, „das haben wir doch damals in den Ferien gegessen!“ „Jetzt weiß ich, wer mein Wichtel war.“

Dass Murat sein Wichtel war, hätte Julian nie vermutet.

Katharina Schell

Kartengrüße zu Weihnachten

Wenn du wie Julian eine Dankeschön- oder eine Weihnachtskarte schreiben möchtest, kannst du sie selbst herstellen.

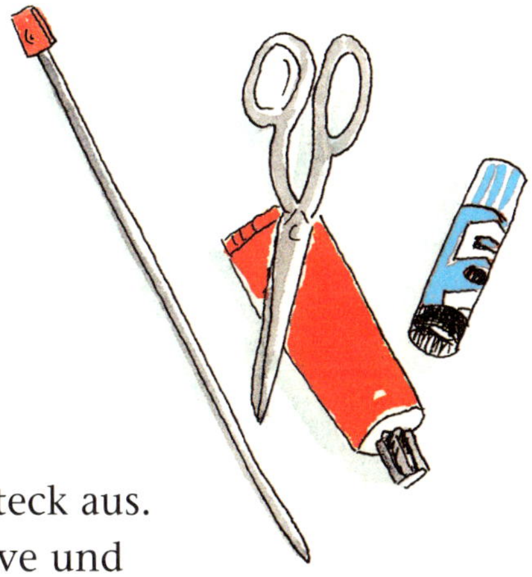

Du brauchst:

- DIN-A5-Tonpapier in beliebiger Farbe
- doppelseitige Gold- oder Silberfolie
- eine Stricknadel
- Schere, Klebstoff

So geht es:

1. Falte das Tonpapier quer in der Mitte.
2. Schneide aus der Gold- oder Silberfolie ein Rechteck aus.
3. Drücke mit der Stricknadel weihnachtliche Motive und Muster in die Folie ein, zum Beispiel einen Engel oder einen Tannenbaum mit Lichtern und Kugeln.
4. Klebe die Folie auf die Vorderseite der gefalteten Karte.

Auf die Innenseite der Karte kannst du deine Grüße schreiben. Vergiss nicht, die Adresse auf den Umschlag zu schreiben und den Brief zu frankieren.

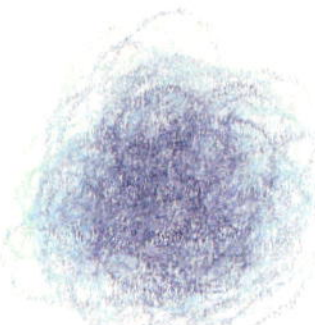

O Tannenbaum

O Tannenbaum, o Tannenbaum,
wie grün sind deine Blätter.
Du grünst nicht nur zur Sommerzeit,
nein, auch im Winter, wenn es schneit.
O Tannenbaum, o Tannenbaum,
wie grün sind deine Blätter.

Oh Christmas tree, oh Christmas tree,
how lovely are your branches.
In summer sun or winter snow,
a coat of green you always show.
Oh Christmas tree, oh Christmas tree,
how lovely are your branches.

Qué verdes son, qué verdes son
las hojas del abeto.
En Navidad qué hermoso
está con su brillar de luces mil.
Qué verdes son, qué verdes son
las hojas del abeto.

Mon beau sapin, roi des forêts,
que j'aime ta verdure!
Quand vient l'hiver bois et guérets
sont dépouillés de leurs attraits.
Mon beau sapin, roi des forêts,
tu gardes ta parure.

Der Weihnachtsbaum

Gar fern am stillen Waldessaum,
da steht ein junger Tannenbaum,
der Wind streicht durch sein grünes Kleid,
wie lange wird ihm doch die Zeit!

Da plötzlich kam zum grünen Tann
mit blanker Axt ein finstrer Mann,
der schlägt die zarte Tanne um,
sagt nicht wohin und nicht warum.

Der hat sie auf dem Schlitten sacht
zum Christmarkt in die Stadt gebracht,
wo bunt die Leut des Weges wandeln.
Ein reicher Herr tat sie erhandeln.

Und als der Heilige Abend war,
da jubelt laut die kleine Schar,
da strahlt der Christbaum hell von Kerzen,
voll Spielzeug und voll Zuckerherzen.

Das Zuckerzeug war bald verzehrt.
Da ward der Christbaum abgeleert.
Wehmütig stehn herum die Kleinen:
Aufs Jahr erst gibt es wieder einen.

Drei Tage nach dem Heilgen Christ,
da lag er draußen auf dem Mist.
Der Wind strich durch sein grünes Kleid,
dahin – ist seine Herrlichkeit.

unbekannter Verfasser

D'r Augschburger Chrischtkindlesmarkt

Wenn ma' im Advent in d' Stadt
nei'geht
und dann vorm Augschburger
Rathaus steht,
no isch do a ganz b'sondrer Duft
nach Lebkuacha riacht do dia Luft.

D'r Chrischtkindlesmarkt isch do
aufbaut,
des Weihnachtssach so riberschaut,
do kasch oifach net widersteha,
muasch durch dia Budastrossa geha.

Wenn obends no d' Lampla
brennan dann
und 's fangt ganz leicht zum
Schneia an,
no leichtn d'Auga von di Kindr,
di Große freien si net minder.

Hermann Wächter

Bayerische Weihnacht

Auf an goldigen Schimmi
Reits Christkindl vom Himmi,
Hat a Packl guati Sachn,
Dass die Kinder grad lachn.
Was hat dös zu bedeutn,
Dass die Glockn so läutn
Und die Büchsn so krachn
Und a Mordsmettn machen?
Horch! Da hört ma was singa,
Und a Musi tuat klinga:
O du heilige Nacht,
Hast uns's Christkindl bracht!

Franz Xaver Rambold

Wenn as Christkindla kummt

Wenn as Christkindla kummt,
dann kummts hamli und sacht.
Alles Lärma verstummt
und ganz hell wird die Nacht.
Die Weidn verneign si bescheidn
am Fluss
Entböitn mit Freidn dem
Christkind ihrn Gruß.
Kummt die heilige Nacht,
die Kreatur dann erwacht
und der Wind, der rauschts gleich
durch die Wipfl und Zweich.
Und die Tierli su heiter, im Herzn
su frouh,
soongs anander gleich weiter:
As Christkind is dou!

Schorsch Drechsler

Die Heilgen Drei Könige

Die Heilgen Drei Könige aus Morgenland,
sie frugen in jedem Städtchen:
Wo geht der Weg nach Bethlehem,
ihr lieben Buben und Mädchen?

Die Jungen und Alten, die wussten es nicht,
die Könige zogen weiter;
sie folgten einem goldenen Stern,
der leuchtete lieblich und heiter.

Der Stern blieb stehn über Josephs Haus,
da sind sie hineingegangen;
das Öchslein brüllte, das Kindlein schrie,
die Heilgen Drei Könige sangen.

Heinrich Heine

Marc Chagall: Der Straßenkehrer

Beppo, der Straßenkehrer

Beppo liebte diese Stunden vor Tagesanbruch, wenn die Stadt noch schlief. Und er tat seine Arbeit gern und gründlich. Er wusste, es war eine sehr notwendige Arbeit.

Wenn er so die Straßen kehrte, tat er es langsam, aber stetig: Bei jedem Schritt einen Atemzug und bei jedem Atemzug einen Besenstrich. Schritt – Atemzug – Besenstrich. Schritt – Atemzug – Besenstrich. Dazwischen blieb er manchmal ein Weilchen stehen und blickte nachdenklich vor sich hin. Und dann ging es wieder weiter – Schritt – Atemzug – Besenstrich. Während er sich so dahinbewegte, vor sich die schmutzige Straße und hinter sich die saubere, kamen ihm oft große Gedanken. Nach der Arbeit, wenn er bei Momo saß, erklärte er ihr seine großen Gedanken. Und da sie auf ihre besondere Art zuhörte, löste sich seine Zunge und er fand die richtigen Worte. „Siehst du, Momo", sagte er dann zum Beispiel, „es ist so: Manchmal hat man eine sehr lange Straße vor sich. Man denkt, die ist so schrecklich lang; das kann man niemals schaffen, denkt man."

Er blickte eine Weile schweigend vor sich hin, dann fuhr er fort: „Und dann fängt man an sich zu eilen. Und man eilt sich immer mehr. Jedesmal, wenn man aufblickt, sieht man, dass es gar nicht weniger wird, was noch vor einem liegt. Und man strengt sich noch mehr an, man kriegt es mit der Angst, und zum Schluss ist man ganz außer Puste und kann nicht mehr. Und die Straße liegt immer noch vor einem. So darf man es nicht machen."

Er dachte einige Zeit nach. Dann sprach er weiter: „Man darf nie an die ganze Straße auf einmal denken, verstehst du? Man muss nur an den nächsten Schritt denken, an den nächsten Atemzug, an den nächsten Besenstrich. Und immer wieder nur an den nächsten. Auf einmal merkt man, dass man Schritt für Schritt die ganze Straße gemacht hat. Man hat gar nicht gemerkt wie und man ist nicht außer Puste." Er nickte vor sich hin und sagte abschließend: „Das ist wichtig."

Michael Ende

Wie die Geschichte weitergeht, erfährst du in dem Buch „Momo" von Michael Ende.

Franzi

Franzi hat ein großes Ziel,
sie weiß schon, was sie werden will.
Nach der Schule Mittagessen,
Hausaufgaben nicht vergessen
und dann stürmt sie aus dem Haus
in die Autowerkstatt Kraus,
weil es sie brennend interessiert,
wie man Autos repariert.
Der Meister konnt es gar nicht fassen,
wollt sie nicht in die Werkstatt lassen.
Doch Franzi einfach drauf bestand.
Jetzt zeigt sie schon viel Sachverstand.
Ölstand prüfen und Profil
ist für sie ein Kinderspiel.
Kupplung, Getriebe, Stoßstange,
Franzi ist davor nicht bange.
Der Meister lobend anerkennt:
„Dieses Mädchen hat Talent."
Nur in der Schule gibt's Verdruss:
Ein Mädchen dies nicht wissen muss!
Franzi ärgert's, wenn man spricht:
„Mädchen können so was nicht!"
In der Klasse schreit der Hans:
„Du bist nicht Franzi, sondern Franz!"
Der Franzi platzt darauf der Kragen,
den Ausspruch kann sie nicht ertragen.
Empört meint sie mit Wut im Bauch:
„Ich bin Franzi, ich kann das auch."
Franzi hat ein großes Ziel,
sie weiß schon, was sie werden will.

Ulrike Heyde

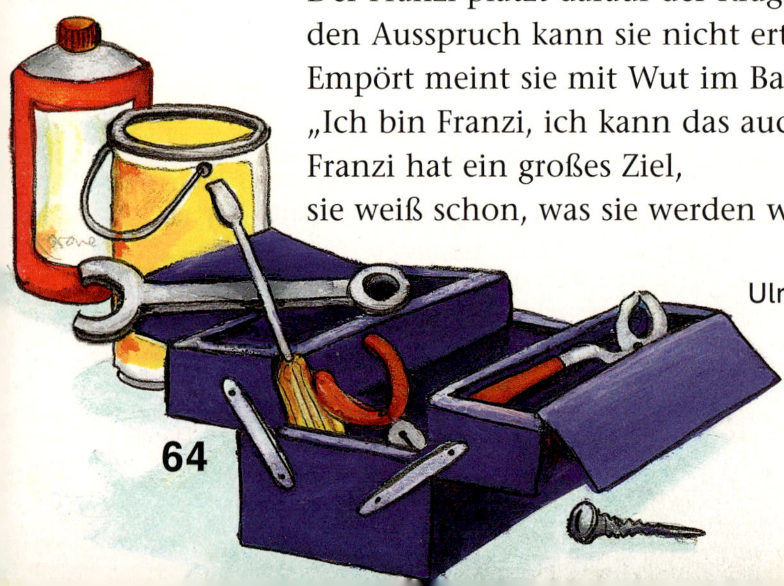

Papa bleibt zu Hause

Papa geht nicht arbeiten. Er bleibt jetzt zu Hause. Das finde ich prima. Endlich hat er ganz viel Zeit, um mit Lisa und mir zu spielen.

Es ist wie im Urlaub. Nachmittags gehen wir gemeinsam einkaufen und Papa trägt die schweren Taschen. Mama scheint sich darüber nicht richtig zu freuen. Lisa und ich haben viel Spaß mit Papa. Stundenlang toben wir miteinander und stellen dabei das ganze Kinderzimmer auf den Kopf.

Manchmal benimmt sich Papa allerdings sehr seltsam. Dann sitzt er still im großen Sessel im Wohnzimmer und blickt starr vor sich hin. Ich will mit ihm spielen, aber er sagt nur mürrisch: „Lass mich in Ruhe. Ich kann nicht den ganzen Tag mit dir spielen.“ „Ich glaube, Papa ist traurig“, sage ich zu Mama. „Spiel mit Lisa“, flüstert sie mir ins Ohr. Papas Urlaub hört gar nicht mehr auf. Da frage ich ihn, warum wir nicht wegfahren. „Du und deine vielen Fragen“, antwortet Papa fast wütend. „Ich habe keinen Urlaub. Außerdem fehlt uns das Geld für eine Reise.“ Am Abend höre ich, wie sich Mama und Papa im Wohnzimmer laut streiten. Ich schleiche mich zur Wohnzimmertür und gucke durch den Türspalt. Da kommt Mama und tröstet mich. „Du hast gehört, dass Papa und ich Streit hatten?“ Ich nicke. „Du hast ja schon gemerkt, dass ich morgens nicht mehr zur Arbeit gehe“, sagt Papa. „Unsere Firma wurde geschlossen und wie ich haben viele Menschen ihre Arbeit verloren. Nun muss ich mir eine neue Stelle suchen.“

Jetzt weiß ich, warum Papa manchmal so traurig ist.

Abends setzt Papa sich an den Tisch und schreibt Briefe.

„Warum musst du so viel schreiben?“, will ich wissen …

Klaus Vellguth

Mit dem Johanniter-Bus zur Schule

„Mama, komm! Mein Bus steht schon vor der Haustür!“ Hoffentlich ist sie gleich fertig, denn ohne sie kann ich nicht die Treppe hinunter. Sie muss doch meine Büchertasche tragen und mich bis zum Kleinbus führen, nur die Tasche mit der Überraschung, die halte ich fest.

Monika und Elisabeth, die beiden Johanniterinnen, haben schon die Seitentür des Busses aufgeschoben und rufen wie im Chor: „Hallo, Katrin, noch nicht ausgeschlafen?“

O je, heute ist nur noch neben Korbinian ein Platz frei. Neben den setze ich mich nicht. Immer zieht er an den Haaren, kreischt laut und ist böse zu allen Kindern.

Monika hilft mir beim Einsteigen. Weil meine linke Körperseite gelähmt ist, schaffe ich es nicht alleine.

„Ich will aber nicht zu Korbinian“, bettele ich.

Da zeigt Monika auf die Gummibärchentüten und lacht: „Wenn Korbinian heute brav ist, darf er sich eine Tüte mitnehmen.“

Vorsichtig stelle ich meine Tasche auf den Boden. Mama hat mir für Monika und Elisabeth zwei kleine Blumenstöckchen eingepackt.

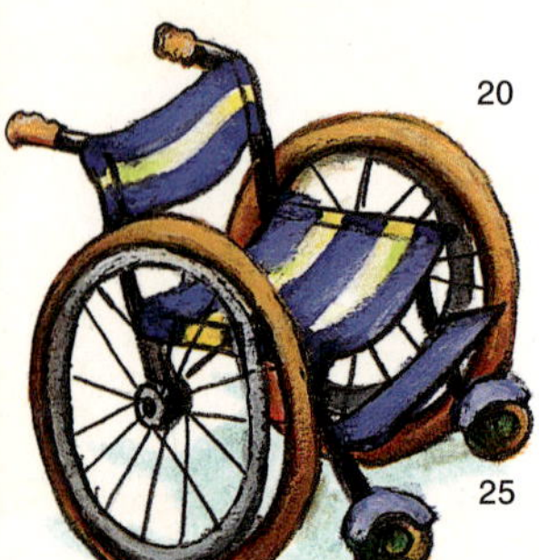

Gestern haben uns die beiden ein Eis geschenkt. Alle sechs Kinder im Bus haben richtig gejubelt.

Im Bus ist Korbinian heute mal wirklich brav. Deshalb kann mich Monika in Ruhe meine Hausaufgaben abfragen.

Manchmal stellen Monika und Elisabeth auch Quatschfragen, dass alle im Bus lachen müssen. Die Zeit auf der langen Fahrt in die Stadt vergeht dann viel schneller.

„Na“, lacht Monika, „ich bin mal gespannt, ob von Korbinians Tüte auf der Heimfahrt noch etwas übrig ist.“

Schnell strecke ich den beiden meine Tasche mit den Blumenstöckchen hin. „Ein kleines Dankeschön für gestern. Hier sind Eis-Blumen drin.“

Franz Werthmann

Mit Lust und Freude ehrenamtlich aktiv

Seit zehn Jahren gibt es in Nürnberg das Zentrum Aktiver Bürger, kurz „ZAB“ genannt. Das ist eine Stelle für Menschen, die sich ehrenamtlich einsetzen.

Frau Gemmert schlüpft jeden Mittwoch drei Stunden lang in die Rolle der Familienpatin für den sechsjährigen Kevin und die achtjährige Sofia. Um 14.30 Uhr holt sie die beiden Kinder vom Hort ab. Während der Heimfahrt erzählen sie ihr, was so alles in der Schule los war. Bei gutem Wetter geht es dann hinaus auf den Spielplatz, wo die Geschwister mit ihrer Patin toben. Wenn es regnet, bleiben sie in der Wohnung. Dann spielen sie, Frau Gemmert liest vor oder wirft einen Blick auf die Hausaufgaben der beiden. Selbst wenn es sehr lebhaft zugeht, behält Frau Gemmert die Ruhe und lacht: „Die zwei halten mich jung und fit!“

Herr Russ konnte durch einen Unfall seinen Beruf als Dachdecker nicht mehr ausführen. Von da an fing er zu grübeln an und fühlte sich oft sehr einsam. Er hörte von der „ZAB“ und war dort mit seinem Hilfsangebot sehr willkommen.
Vielen Menschen fehlt das Geld für Handwerker. Er ist für sie der Handwerker-Engel, der tropfende Wasserhähne repariert, Gardinenschienen festschraubt, einen Herd anschließt oder Lampen befestigt. „Mit meiner Arbeit tue ich das, was ich will, was ich kann, und zugleich helfe ich anderen. Das Schönste ist aber, dass ich am normalen Leben teilnehme!“, sagt Herr Russ sehr zufrieden. Er ist handwerklich sehr geschickt und vielseitig. Mit dem Ehrenamt gab er seinem Leben einen neuen Sinn.

In jeder Stadt, in jeder Gemeinde gibt es viele Möglichkeiten ehrenamtlich zu arbeiten, auch für Kinder …

Sybille Frank

Wie Kartoffeln geerntet werden

Andrea und Markus bleiben auf einer Wanderung neben einem Traktor mit zwei großen Anhängern stehen, die voll mit Kartoffeln beladen sind. Sie wundern sich über die riesigen Berge.

„Hallo, eine Frage. Haben Sie all diese Kartoffeln alleine aufgeladen?“

Da lacht der Landwirt Gagsteiger: „Eigentlich ja, aber das sind nur die Kartoffeln, die ich gerade geerntet habe. Das ist heutzutage wirklich kein Kunststück mehr. Da muss sich keiner mehr plagen, wenn er so einen modernen Kartoffelvollernter hat.“ Dabei zeigt er auf eine Maschine hinter den Kindern.

„Was ist denn ein Kartoffelvollernter?“, fragt Markus neugierig.

„Ihr wisst doch, dass die Kartoffeln als Knollen an den Wurzeln unter der Erde wachsen. Die Maschine holt sie aus der Erde und wirft sie auf ein Förderband. Dieses transportiert sie dann auf einen Wagen. Ich brauche während der Ernte wirklich keine einzige Kartoffel mehr mit der Hand anfassen! Ich muss mir auch nicht mehr den Rücken krumm machen wie früher.“

„Und wie wurden denn früher die Kartoffeln geerntet?“, will Andrea jetzt genau wissen.

„Als ich so alt war wie ihr, da war die Kartoffelernte eine rechte Plage. Jede Arbeitskraft, ob jung oder alt, ob Kind oder Greis wurde zum Aufklauben der Kartoffeln gebraucht. Wir Kinder bekamen sogar Kartoffelferien im September.“ „Waaas? Ferien zum Arbeiten?“

„Ja, Ferien zum Arbeiten!“, lacht Herr Gagsteiger. „Mein Vater spannte einen Ochsen vor den Handpflug und ackerte die Kartoffelstöcke aus der Erde. Wir mussten die Kartoffeln vom Kartoffelstock abschütteln, dann konnten wir mit dem Einsammeln beginnen. Wir klaubten die Erdäpfel einzeln auf und warfen sie in Körbe. Vom vielen Bücken tat uns der Rücken weh.“

„Bin ich froh, dass wir heute keine Kartoffeln mehr klauben müssen!“, ruft Markus.

„Die Erwachsenen füllten die Kartoffeln in Säcke und sortierten sie dabei. Und jetzt wussten wir auch, es dauert nicht mehr lange bis zur Brotzeit.“

„Und was machen Sie jetzt mit diesen Kartoffeln hier?“, fragt Andrea neugierig.

„Die Kartoffeln auf dem ersten Hänger rollen bei mir zu Hause über eine Rutsche in meinen Kartoffelkeller. Den anderen fahre ich ins Lagerhaus, lasse sie wiegen und verkaufe sie“, erklärt Herr Gagsteiger.

Die Kinder staunen. Der Landwirt lacht: „Wisst ihr, die Maschinen werden moderner und können immer mehr leisten. Vielleicht gibt es bald eine, die Pommes ausspuckt, oder sogar …“

Sybille Frank

Waldemar Dinkat: Station III

Technik

Wenn man mich nach Technik fragt,
ist viel ...ieren angesagt:

Alles automatisieren,
im Internet sich informieren,
per E-Mail schnell kommunizieren,
Hausgeräte programmieren
mit Lasertechnik operieren,
Fernsehen digitalisieren,
Codes eingeben, dechiffrieren,
über Neues reflektieren,
Fehlerstellen korrigieren,
... ausprobieren,
... explodieren,
... ieren!

Alles Neue schnell kapieren,
nicht den Überblick verlieren.

Ulrike Heyde

Vom Karussell zur Achterbahn

Die ersten Karussells für Kinder wurden vor etwa 400 Jahren gebaut und hatten nur wenige Sitzplätze. Ursprünglich benutzten Ritter Karussells dazu, den Umgang mit der Lanze zu trainieren. Sie fuhren auf dem Karussell im Kreis und versuchten, Ringe aufzuspießen, die ringsherum aufgebaut waren. Diese Karussells wurden von Pferden gezogen oder auch durch Menschenkraft angetrieben.

Vor etwa 150 Jahren wurde in England das erste Karussell gebaut, das durch einen Motor bewegt wurde. Der Motor wurde von einer Dampfmaschine angetrieben. Diese Idee verbreitete sich schnell in ganz Europa und erreichte im Jahr 1870 auch Amerika. Hier nennt man das Karussell meist *Merry-Go-Round* oder *Round-About.*

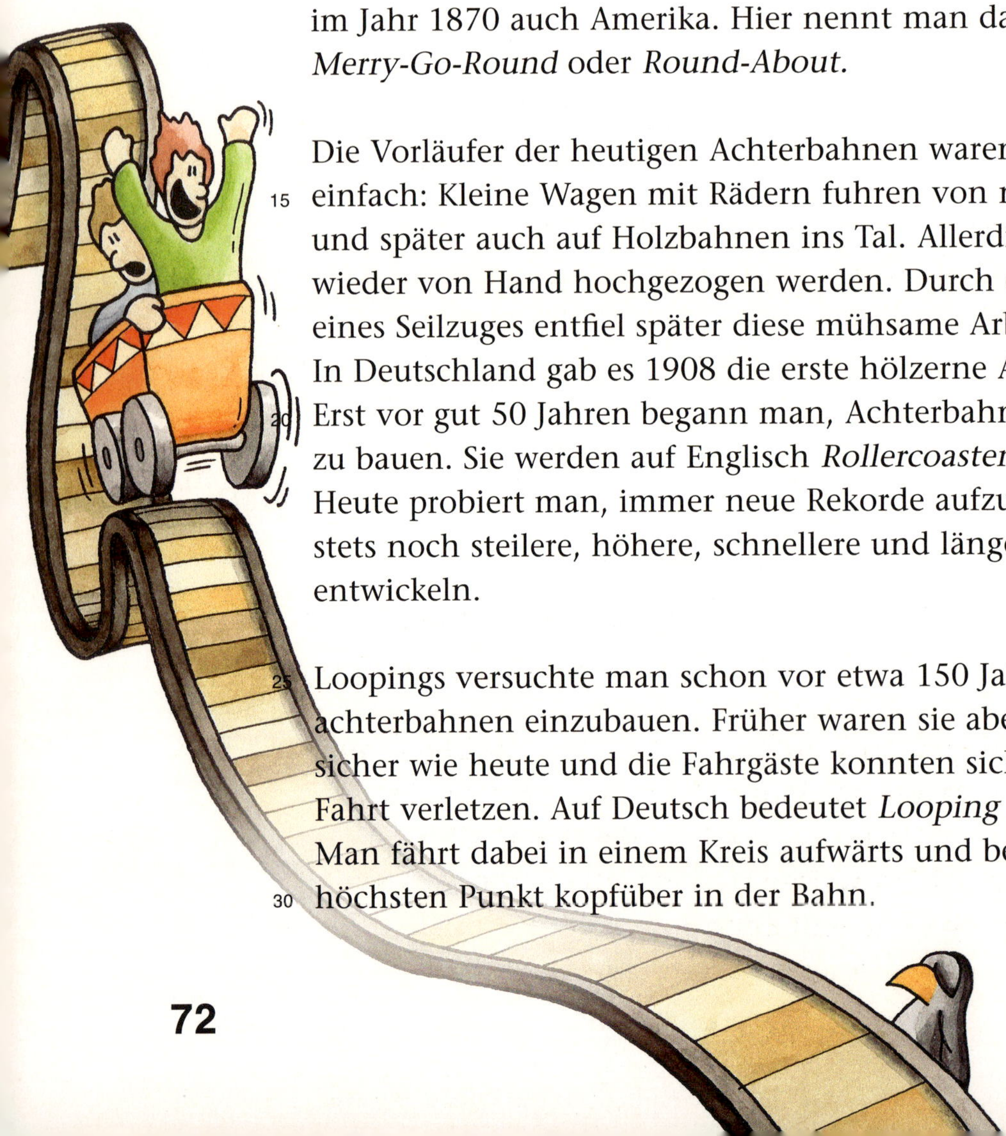

Die Vorläufer der heutigen Achterbahnen waren zunächst sehr einfach: Kleine Wagen mit Rädern fuhren von natürlichen Hügeln und später auch auf Holzbahnen ins Tal. Allerdings mussten sie wieder von Hand hochgezogen werden. Durch die Verwendung eines Seilzuges entfiel später diese mühsame Arbeit. In Deutschland gab es 1908 die erste hölzerne Achterbahn. Erst vor gut 50 Jahren begann man, Achterbahnen aus Stahl zu bauen. Sie werden auf Englisch *Rollercoaster* genannt. Heute probiert man, immer neue Rekorde aufzustellen und stets noch steilere, höhere, schnellere und längere Bahnen zu entwickeln.

Loopings versuchte man schon vor etwa 150 Jahren in die Holzachterbahnen einzubauen. Früher waren sie aber noch nicht so sicher wie heute und die Fahrgäste konnten sich bei der rasanten Fahrt verletzen. Auf Deutsch bedeutet *Looping* „Überschlag“. Man fährt dabei in einem Kreis aufwärts und befindet sich am höchsten Punkt kopfüber in der Bahn.

Warum fallen wir nicht aus dem Looping heraus?

Endlich ist wieder Kirchweih. Mit großen Augen stehen Luca und sein Vater vor der Achterbahn. Ein Wagen donnert gerade an ihnen vorbei.

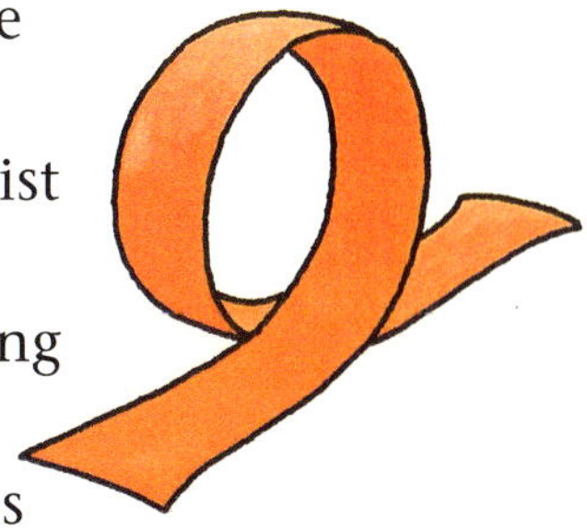

Eigentlich würde Luca gern einmal mitfahren. Etwas mulmig ist ihm aber schon bei dem Gedanken, kopfüber durch den Looping zu sausen. „Sag mal, Papa, kann man aus dem Looping nicht herausfallen?“, fragt er ein wenig unsicher.

„Nein, keine Angst“, meint Papa. „Die Erdanziehung zieht uns zwar in Richtung Boden, die hohe Geschwindigkeit im Looping drückt dich aber ganz fest in den Sitz. Weil diese Kraft viel stärker ist als die Erdanziehungskraft, kannst du nicht aus dem Looping herausfallen. Ich kann dir das zu Hause mit einem Experiment beweisen.“

Fülle einen kleinen Eimer zu einem Viertel mit Wasser und gehe damit nach draußen. Wenn du dich schnell mit dem Eimer im Kreis drehst, siehst du, dass das Wasser im Eimer bleibt. Selbst wenn du den Eimer senkrecht über den Kopf schleuderst, fließt kein Wasser heraus. Du musst nur schnell genug sein.

„Kannst du dir vorstellen, warum das Wasser im Eimer bleibt?“, fragt Papa. „Aus dem gleichen Grund kannst du auch nicht aus dem Looping fallen.“

Mit dieser Erklärung ist Luca zufrieden. Gleichzeitig fallen ihm aber immer mehr Fragen ein: Woher kommt der Strom, der die Achterbahn antreibt? Und wie funktionieren die unzähligen Glühbirnen, die den Kirchweihplatz erleuchten? Wie wird aus Mais Popcorn und wie entsteht Zuckerwatte?

Raketenantrieb – selbst gebaut

Vorsicht!

Nur gemeinsam mit Erwachsenen ausprobieren!

Du brauchst:
- ein Ei
- eine Stopfnadel
- flüssigen Klebstoff
- vier 5 cm lange Nägel und einen Hammer
- ein ca. 10 cm langes, 1–2 cm dickes Holzbrettchen
- ein Teelicht
- eine Schale mit heißem Wasser
- eine Wanne mit Wasser

So geht es:
1. Bohre in das Ei mit der Stopfnadel an beiden Enden vorsichtig ein Loch und blase das Ei aus.
2. Setze in die Mitte des Holzbrettchens das Teelicht und schlage mit dem Hammer die vier Nägel um das Teelicht herum ein. Das Ei muss auf den Nägeln liegen können.
3. Tauche das Ei zur Hälfte in das heiße Wasser. Sauge langsam Wasser in das Ei, bis es halb voll ist. Verschließe das Loch auf der spitzen Seite mit dem flüssigen Klebstoff.
4. Lege das Ei auf die Nägel. Zünde das Teelicht an und setze das Brettchen behutsam auf das Wasser.
   Gleich zischt die Rakete los!

Du kannst dein „Raketen-Ei“ auch noch lustig gestalten.

Der kleine Max
oder Der Fortschritt ohne Bremse

Der kleine Max lebt nicht mehr unter uns. Zwar lebt er, aber nicht auf unserer Erde und auch auf keinem anderen Stern. „Wo lebt er dann?", wirst du mich fragen. Und eben das will ich dir jetzt erzählen.

Der kleine Max wohnte mit seinem Vater, der ein großer Bastler war, in einem Ort nicht weit entfernt vom Bodensee. Vom Tage der Geburt des kleinen Max an baute er an einem Raumschiff. Und pünktlich zum zehnten Geburtstag unseres kleinen Max stand es blitzblank und länglich auf der Wiese vor dem Haus. Doch taugt das Fahrzeug leider nur zum Fliegen, denn bremsen lässt es sich einstweilen nicht.
Wie oft schon hatte Maxens Vater an winzigen Modellen ausprobiert, wie man das Fahrzeug bremsen könne: doch stets ohne Erfolg.
Da stand das Ding nun, silbern, schön und schnittig und Vater und Sohn standen stolz davor; doch fliegen konnten sie mit diesem Raumschiff leider nicht, weil es sie nie zurück zur Erde bringen würde.
Trotzdem hatte der kleine Max heimlich den Wunsch, den Flug zu wagen, da ja das Fahrzeug endlich fertig war und er es auch bedienen konnte.
„Vielleicht findest du eines Tages aber doch heraus, wie man es bremsen kann, Papa", meinte der kleine Max.
„Vielleicht", seufzte der Vater. „Aber das kann lange dauern, kleiner Max, möglicherweise noch einmal zehn Jahre."
Maxens Vater seufzte und murmelte dann: „Zehn Jahre Arbeit und noch immer klappt es nicht. Na ja …", er legte einen Arm um Maxens Schulter, „… gehn wir ins Haus."

In dieser Nacht aber konnte jemand nicht schlafen: der kleine Max. Er tappte im Pyjama immer wieder barfüßig ans Fenster, um das jetzt mondbeglänzte Raumschiff zu betrachten. „Erst in zehn Jahren soll es fliegen“, seufzte er dabei. „Welch eine lange Zeit. Dabei könnte es heute schon, in dieser Nacht, in diesem Augenblick zum Himmel steigen.“ Und während er so redete und murmelte, zog er, fast ohne es zu merken, den Pyjama aus und andere Sachen an.

Nun öffnete er – traumwandlerisch, als sei er mondsüchtig – das Fenster, kletterte ins Freie, ging unbeirrt durchs feuchte Gras aufs Raumschiff zu, öffnete, als er es erreicht hatte, die Einstiegsluke, schlüpfte ins Innere, schloss, als er drinnen war, die Luke wieder, setzte sich mit drei Lederkissen im Pilotensitz bequem zurecht, drückte den Anlasser, der leise summte, zündete kühn den Apparat und …

… weckte durch den Lärm nicht nur den Vater und die Nachbarn, sondern alle Bewohner aller umliegenden Ortschaften, weil jetzt – erst pfeifend, danach heulend, dann dumpf dröhnend – das Raumschiff abzischte, hinauf in die von Mond und Sternen helle Nacht.

Du kannst dir vorstellen, wie da der Vater aus dem Haus geschossen kam, die Hände über dem Kopf zusammenschlug und fassungslos hinaufstarrte zum Himmel, wo vor dem runden Mond etwas Zigarrenförmiges vorbeiflog. Aber du kannst dir sicher nicht vorstellen, wie es dem kleinen Max oben zumute ist. Und ich kann mir das auch nicht vorstellen, weil das, was er erlebt, bisher ja noch kein Mensch erlebt hat.

Was Maxens Vater da erfunden hat, ist ganz gewiss ein großer technischer Fortschritt; nur ist das Peinliche daran, dass dieser Fortschritt nicht zu bremsen ist.

Und so fliegt unser kleiner Max durchs Universum hin, sieht Sterne, Sonnen, Meteore auf- und niedergehen und fliegt und fliegt, muss aber, weil er einmal nur zu ungeduldig war, für immer durch den Weltraum weiterfliegen. Vielleicht siehst du ihn eines Nachts, wenn ihn die für uns untergegangene Sonne noch ein wenig anstrahlt, als kleinen glühenden Punkt über den Himmel ziehen.

Doch was er selber sieht und denkt und fühlt, das weißt du nicht; und ich kann's leider auch nicht sagen …

James Krüss

René Magritte: Im Reich der Lichter

Dunkel war's, der Mond schien helle

Dunkel war's, der Mond schien helle,
Schnee lag auf der grünen Flur,
als ein Wagen blitzeschnelle
langsam um die Ecke fuhr.

Drinnen saßen stehend Leute,
schweigend ins Gespräch vertieft,
als ein totgeschossner Hase
auf der Sandbank Schlittschuh lief.

Und ein blondgelockter Jüngling
mit kohlrabenschwarzem Haar
saß auf einer blauen Bank,
die rot angestrichen war.

Von der regennassen Straße
wirbelte der Staub empor.
Und der Junge bei der Hitze
mächtig an den Ohren fror.

Beide Hände in den Taschen,
hielt er sich die Augen zu.
Denn er konnte nicht ertragen,
wie nach Hering roch die Kuh.

Der geheimnisvolle Zettel

Eines Tages finden Kommissar Holzauge und Inspektorin Schlaukopf einen Zettel im Rinnstein neben dem Parktor. Die beiden sind schon lange hinter einigen ganz gerissenen Einbrechern her, die Uhren- und Schmuckläden ausrauben. Kommissar Holzauge schaut den Zettel an und meint: „Da fehlt zu viel. Damit können wir wieder nichts anfangen!“ Enttäuscht will er das zerrissene Papier wegwerfen. Doch Inspektorin Schlaukopf hält ihn zurück. Sie blickt zweimal um sich und flüstert: „Halt, auf dem Zettel steht doch genug! Jetzt können wir die Einbrecher auf frischer Tat schnappen!“

Gisela Buck

Buchtitelsuchgeschichte

Im folgenden Text haben sich zehn Buchtitel von Astrid Lindgren versteckt.

Ferien auf Saltkrokan

Gleich am ersten Ferientag unternahmen die Kinder aus Bullerbü einen spannenden Ausflug. Sie trafen sich mit den Kindern aus der Krachmacherstraße am Bahnhof. Gemeinsam fuhren sie nach Saltkrokan.
Dort trafen sie Pippi Langstrumpf und Kalle Blomquist.
Auf einer alten Schatzkarte hatten sie das Ziel der Wanderung eingezeichnet. Es war die Höhle des Drachen mit den roten Augen. Mit verbundenen Augen führte Pippi die Kinder durch den Wald.
Madita und die Brüder Löwenherz hatten schreckliche Angst. Zum Glück hatten sie Ronja Räubertochter mit, die sie sicher zur Höhle begleitete. Der Drache freute sich sehr über den Ferienbesuch.
Es gab gegrillte Würstchen und Karlsson vom Dach zeigte seine Kunststücke. Am Abend fuhren die Kinder mit dem Schiff weiter ins Taka-Tuka-Land.

Auflösung S. 223

Die schwedische Schriftstellerin Astrid Lindgren ist in der ganzen Welt bekannt. Ihre Bücher stehen in jeder Kinderbibliothek.

Kommissar Kniepels 10. Fall

Das Lagerhaus der Speditionsfirma Rümpel ist in der Nacht niedergebrannt. Am Brandherd hat man einen verkohlten Lappen gefunden, den Oberbrandmeister Feurig Kommissar Kniepel unter die Nase hält: „Riecht verdammt nach Petroleum, nicht wahr?“

„Das duftet ja geradezu nach Brandstiftung“, meint Kniepel und beginnt seine Arbeit mit einem Besuch bei Ottokar Rümpel, dem Eigentümer des Transportunternehmens. Dieser scheint über sein abgebranntes Lagerhaus nicht sehr unglücklich zu sein, denn er ist gut versichert.

Der Verdacht, beim Brand ein bisschen „nachgeholfen“ zu haben, bringt Herrn Rümpel auf die Palme: „Da sind Sie schief gewickelt, mein Lieber! Ich war die ganze Nacht mit einer Eilfracht in diesem roten Laster unterwegs und erst heute früh wieder hier.“

Rümpel schildert dann, wie ihn angesichts der rauchenden Trümmer fast der Schlag getroffen habe. „Trotzdem muss ich Sie wegen Verdachts auf Brandstiftung bitten, mitzukommen“, sagt Kniepel, „etwas stimmt an Ihrer Geschichte nicht.“ – *Was macht ihn stutzig?*

Detlef Kersten

Mit dem Buch „Kommissar Kniepel: 62 Fälle zum Selberlösen“ von Detlef Kersten kannst du viele Male ein Lesedetektiv sein.

Kommissar Kniepels 106. Fall

„Hier ist die Einladung zu meiner Geburtstagsfete“, sagte Uli. „Das ist ja eine Wanderkarte!“, wundern sich die drei Freunde. „Diesmal feiere ich nicht zu Hause. Ihr sollt den Weg zum Fest wie bei einem Orientierungslauf mithilfe der Karte und Hinweisen finden, die wir uns ausgedacht haben. Ihr wisst, mein Onkel ist Kommissar bei der Kripo.“

Am Samstag ist es so weit. Die drei sind jetzt beim vorletzten Anlaufpunkt. „Bis jetzt ging alles glatt“, meint Klaus, „aber Uli hat doch gesagt, dass er versteckte Hinweise in die Nachrichten schmuggeln würde, damit wir wissen, wo das Ziel ist. Der wird doch nicht etwa auf dem Spielplatz feiern wollen. Das ist doch was für Babys.“

Belämmert stehen die drei auf dem Spielplatz. Keine Spur von Uli und seiner Feier. „Was für ein Rätsel meint er denn?“, fragen sie sich. – „Da drüben sitzt tatsächlich einer!“, ruft Britta. „Ob das der sagenhafte Onkel ist?“ Tatsächlich, Kommissar Kniepel hat geduldig im Auftrag seines Neffen gewartet. „Ihr seid die Letzten“, sagt er, „alle anderen sind schon am Ziel.“ – „Helfen Sie uns, damit wir nicht noch mehr Zeit verlieren!“ – „Ungern“, meint Kniepel, „ihr solltet selber nachdenken.“

Detlev Kersten

Treffpunkt Würstchenbar

Milzo di Mariotto soll in allerlei dubiose Angelegenheiten des Geheimdienstes verwickelt sein. Nachweisen konnte man ihm bisher allerdings nie etwas. Aber jetzt hat Kalle eine heiße Spur. Er hat nämlich herausgefunden, dass sich Milzo heute um 11.30 Uhr mit einer Kontaktperson an Alfredos Würstchenbar treffen will. Bei der Begegnung soll eine Diskette mit streng vertraulichen Daten übergeben werden. Kalle steht rechtzeitig mit Würstchen und Cola bei Alfredo auf der Lauer. Tatsächlich erscheint Milzo pünktlich und verdrückt ebenfalls ein Würstchen.

Um 11.32 Uhr geht plötzlich ein Herr mit düsterer Miene an Milzos Tischchen vorbei. Kalle meint ein leichtes Nicken gesehen zu haben und schon entfernt sich der Herr so diskret, wie er aufgetaucht war. Alles ging sehr schnell und Kalle hat die Herren nur von hinten gesehen.

Aber ihm ist klar, wie die Übergabe der Diskette geschehen ist, und nimmt sofort die Verfolgung auf. Was hat er gesehen?

Jürg Obrist

Das geheimnisvolle Haus

Die fünf Meisterdetektive der „schwarzen Hand" treffen sich regelmäßig im „Lufthafen", einem Zimmer direkt unter dem Taubenschlag.

Eine Stunde lang saß die „schwarze Hand" mäuschenstill im Lufthafen und machte Schularbeiten. Rollo kaute an seinem Füllhalter und blickte nachdenklich durch die ungeputzten Fensterscheiben. „Knacks", machte es da auf einmal. Kiki m. E. (das heißt Kiki mit dem Eichhörnchen) knackte seinem Eichhörnchen eine Nuss und spuckte die Schale in eine leere Konservendose. Rollo runzelte die Stirn: „Schreibt man nun Lerche mit e oder ä?", flüsterte er. „Je nachdem, ob sie grau oder grün ist", antwortete Adele und lachte. „Ich meine natürlich so einen Vogel, wie da draußen auf dem – Donnerwetter! Das ist doch nicht möglich!" Rollo wischte an der Fensterscheibe. „Was ist nicht möglich?", fragte Felix. „Dass da drüben einer wohnt", antwortete Rollo, „das Haus steht doch seit drei Jahren leer!" Die „schwarze Hand" drängelte sich ans Fenster. „Das weiß doch jeder, dass in der Villa da gegenüber nur ein paar Ratten hausen", rief Kiki m. E. „Seht doch, Fenster und Türen sind verrammelt." – „Lass mich mal sehen!", Adele schob ihre Nase dicht an die Fensterscheibe heran. Nach einer Weile sagte sie: „Ich glaube, Rollo hat Recht, in dem Haus ist wirklich jemand …"

Hans Jürgen Press

Weitere spannende Detektivgeschichten findest du im Taschenbuch „Die Abenteuer der ‚schwarzen Hand'" von Hans Jürgen Press.

Spuren lesen: Tatort Hansa-Hotel

Im Hansa-Hotel ist die wertvolle Uhr von Samuel Hicks gestohlen worden. Du sollst den Fall lösen.

Fahre mit dem Lift ins oberste Stockwerk und gehe zu Nummer 1. Lies, was dort steht, dann weißt du, bei welcher Nummer du weiterlesen musst.

1. Die Tür zur Dachterrasse ist auf. Du gehst hinaus bis zu dem großen Baum. Lies bei der passenden Nummer, wie es weitergeht.
2. Durch das offene Fenster hörst du Krach. Der kommt aus dem Park nebenan. Schnell läufst du hinaus.
3. Das Zimmer ist nicht verschlossen. Du findest zwischen den Blumen ein Vogelnest. Darin liegt die Uhr. Der Dieb ist allerdings über alle Berge.
4. Die Aussicht ist toll. Doch es ist nichts zu finden. Darum gehst du zurück zu Nummer 1. Lies noch einmal genau.
5. Das Tor lässt sich leicht öffnen. Beim Tasten in der Dunkelheit hast du dir die Hände verschmutzt. Du gehst zum Waschraum neben der Garage. (Waschräume erkennt man an der Lüftungsklappe an der Außenseite.)
6. Du stellst den Blumentopf auf den Boden. Dort entdeckst du Vogelkot. Der muss von oben gekommen sein. Du gehst in das Zimmer darüber.
7. Im Park findest du nur ein Radio auf einer Bank. Aber auf dem Balkon über dem Waschraum neben der Garage bewegt sich ein Blumentopf. Du rast die Treppe hoch.
8. Diese Tür lässt sich nicht öffnen. Deswegen gehst du zurück zu 6.
9. Diese Tür ist geschlossen. Hier kannst du deine Hände nicht waschen. Du suchst den anderen Waschraum.
10. Es ist nichts Besonderes festzustellen. Du schaust hinunter. Da, genau unter dir schlägt das Garagentor zu. So schnell du kannst, rennst du hinunter.
11. Das Tor ist geschlossen. Es sind keine Spuren zu entdecken. Deswegen gehst du zurück zu 10.
12. Der Topf ist hinuntergefallen. Du gehst zum anderen Topf.
13. Auf dieser Seite des Hotels wirst du nichts finden.
14. Das Zimmer ist hell und gut gelüftet. Wie kommst du hierher? Geh zurück zu 7.

Helge Weinrebe

Jetzt geht's um die Wurst

„Dieses Biest!", brüllte der Glatzkopf, als das Licht im Zugabteil wieder aufleuchtete. „Ich erwürge es. Das ist echte ungarische Salami!" Surmi, die Katze des Reporters Gwendolin Klick, huschte mit einer Scheibe Salami ins Gepäcknetz. „Beruhigen Sie sich doch!", sagte Gwendolin. Die anderen drei Fahrgäste im Abteil grinsten. Seit einer Stunde saß Gwendolin nun schon in diesem Zug und das Mädchen neben der Tür hatte nicht ein einziges Mal den Kopfhörer seines Walkmans abgenommen. Es zuckte nur dauernd mit verschlossenen Augen. Neben dem Mädchen hockte ein junger Bursche mit abstehenden Ohren, vielleicht zwanzig Jahre alt. Ununterbrochen quietschte er mit seinem Computerspiel um die Wette. Ihm gegenüber saß eine alte Frau mit roten Pfirsichwangen und blauen Augen. Sie hatte einen Korb neben sich stehen und strickte an einem Socken. Neben dem Korb saß, bis vor ein paar Sekunden noch, Surmi. Jetzt ließ sie, hoch oben im Gepäcknetz, Schmatzlaute vernehmen.

Auch der Glatzkopf besaß ein Computerspiel. Eben noch hatte er es mit einer Hand bedient. Mit der anderen schob er ungarische Salami in seinen Mund, Scheibe um Scheibe. Die Salami lag auf dem Sitz, genau gegenüber von Surmi. Sehnsüchtig hatte Surmi zugeschaut, wie die Salami im kauenden Mund des Mannes verschwand. Der Glatzkopf hatte davon nichts bemerkt. Das schwarzhaarige Mädchen hörte weiter Musik, der junge Bursche tippte auf sein Spiel ein. Nur die alte Frau hatte von Zeit zu Zeit den Kopf geschüttelt und mitleidig auf Surmi geblickt.

Als nur noch zwei Scheiben Salami auf dem Papier lagen, passierte es. Der Glatzkopf hatte gerade mit der Hand nach einer Scheibe gegriffen, als plötzlich am Tunneleingang das Licht im Abteil ausging. Als es wieder aufleuchtete, schaute ein Stück Salami aus Surmis Maul.

„Ihr Biest hat im Dunkeln nach meiner echten ungarischen Salami geschnappt und mich auch noch am Finger gekratzt.

Ich habe einen Stich verspürt“, wetterte der Glatzkopf. Gwendolin schüttelte den Kopf. „Surmi hat sich nicht bewegt. Ich hielt sie mit beiden Händen fest, als das Licht ausging.“ „Vielleicht haben Sie die Salami geklaut!“, knurrte der Glatzkopf die alte Frau an. „Aber nein! Das konnte sie nicht! Ich habe doch meine Füße hier ausgestreckt!“, gab der junge Bursche schnell zur Antwort. „Die Frau hat sich nicht von ihrem Sitz bewegt. Und anders wären doch ihre Arme zu kurz.“

„Ich werde Ihnen die Salamischeibe bezahlen“, entschied Gwendolin. Da bemerkte er, dass seine Brieftasche zwischen die Sitze gerutscht war. „Darf ich?“, fragte er und nahm die Stricknadel weg, welche die alte Dame neben sich hingelegt hatte. Aber der Glatzkopf wollte kein Geld. „Ich werde mich beim Schaffner beschweren.“ Und schon rannte er hinaus.

Gwendolin grinste. „Komm herunter Surmi und bedanke dich bei der netten Dame, dass sie für dich eine Scheibe Salami stibitzt hat.“ Die alte Dame strahlte. „Woher wissen Sie denn, dass ich es war?“ „Ach, erstens sind Sie die einzige Person im Abteil, die Surmis Leiden bemerkte, zweitens habe ich Surmi festgehalten und drittens hat den Glatzkopf etwas gestochen.“ Die alte Dame zwinkerte schelmisch mit den Augen.

Hans Geist

Louis Anquetin: Kind und Feuerstelle

Das Feuer

Hörst du, wie die Flammen flüstern,
knicken, knacken, krachen, knistern,
wie das Feuer rauscht und saust,
brodelt, brutzelt, brennt und braust?

Siehst du, wie die Flammen lecken,
züngeln und die Zunge blecken,
wie das Feuer tanzt und zuckt,
trock'ne Hölzer schlingt und schluckt?

Riechst du, wie die Flammen rauchen,
brenzlig, brutzlig, brandig schmauchen,
wie das Feuer, rot und schwarz,
duftet, schmeckt nach Pech und Harz?

Fühlst du, wie die Flammen schwärmen,
Glut aushauchen, wohlig wärmen,
wie das Feuer, flackrig-wild,
dich in warme Wellen hüllt?

Hörst du, wie es leiser knackt?
Siehst du, wie es matter flackt?
Riechst du, wie der Rauch verzieht?
Fühlst du, wie die Wärme flieht?

Kleiner wird der Feuerbraus:
ein letztes Knistern …
ein feines Flüstern …
ein schwaches Züngeln …
ein dünnes Ringeln …
aus.

James Krüss

Wie die kleine Spinne das Feuer holte

Vor langer Zeit, bevor die Menschen überhaupt erschaffen waren, gab es auf der Erde noch kein Feuer, und die Tiere froren ganz entsetzlich.

Eines Tages tobte ein fürchterliches Gewitter über der Erde, feurige Blitze zuckten über den Himmel, und der Donner grollte, sodass sich die Tiere erschreckt in ihren Höhlen, Nestern und Bauten versteckten. Plötzlich schlug ein Blitz in einen alten, abgestorbenen Baum ein, die trockene Rinde entzündete sich, und der Baum stand sofort in lodernden Flammen.

Nun freuten sich die Tiere und sagten: „Von diesem brennenden Baum werden wir uns Feuer holen. Endlich werden wir uns wärmen können!“

Unglücklicherweise stand der Baum in einem tiefen Sumpf und war schwer zu erreichen. Trotzdem versuchten es viele Tiere, aber sie konnten sich auf dem morastigen Boden nicht vorwärts bewegen und blieben im Sumpf stecken.

Nun bot sich der Rabe an, Feuer für die Tiere zu holen. Er flog über den Sumpf, doch als er sich den Flammen näherte, versengte er sich die Federn, bis sie ganz schwarz waren. Und so schwarz sind sie bis zum heutigen Tag geblieben. Doch Feuer von dem brennenden Baum konnte er keines mitbringen.

Danach flog der Kauz hinüber zu dem Baum. Als er jedoch in die lodernden Flammen blickte, bekam er ganz rote Augen. Und auch die sind bis zum heutigen Tag so geblieben. Doch Feuer konnte der Kauz den Tieren auch nicht bringen.

Nun bot sich die Ringelnatter an, das kostbare Feuer zu holen. Vorsichtig schlängelte sie sich bis an den Baum heran, und als

sie ihn erreicht hatte, freuten sich die Tiere schon und dachten, dass sie nun bald Feuer haben würden. Aber dann verbrannte sich die Ringelnatter so schrecklich, dass sie sich noch bis zum heutigen Tag ständig krümmt und windet. Als Nächstes versuchte es die schöne Schleiereule. Auch sie flog mutig hinüber zu dem brennenden Baum. Doch als sie sich dem Feuer näherte, stieg ihr der beißende Rauch ins Gesicht, und seitdem hat sie große, weiße Ringe um die Augen.

Endlich blieb nur noch die kleine Spinne übrig. „Ich werde euch das Feuer holen“, sagte sie zu den Tieren und webte aus Seidenfäden eine feine Brücke hinüber zu dem Baum. Dort angelangt, tat sie ein winziges Stückchen glühender Holzkohle in ihre Tasche, die sie sich vorher schnell noch gewebt hatte, und trug sie eilends zurück zu ihren Freunden.

Nun würden die Tiere sich dank der mutigen kleinen Spinne endlich wärmen können, und zusammen bauten sie zur Feier des Tages ein riesiges Freudenfeuer.

Cherokee

Kochen in der Steinzeit

Die Jäger legen das Ren auf die Plattform vor der Höhle, damit alle es bewundern können. Muk, der älteste der Männer, erzählt ausführlich, wie Meruti den tödlichen Speer auf das Tier geschleudert hat. Dann nimmt sich jeder Mann und jede Frau einen von den scharfkantigen Feuersteinen, die in einer Ecke der Höhle aufbewahrt werden, und schneidet für die erste Mahlzeit einige Stücke Fleisch aus dem Rentier. Meruti trägt sie zum Feuer und Taorl, die jüngste der Frauen, brät sie auf der Glut.

„Irgendwann zeige ich dir auch einmal, wie man Fleisch kocht oder schmort", verspricht sie Meruti. „Man gräbt ein Loch in den Boden und legt vom Feuer rot glühende Steine hinein. Darauf legt man ein kleines Stück Wildbret, ein Schneehuhn zum Beispiel, das man mit einer zweiten Schicht ebenfalls glühender Steine bedeckt. Sobald die Steine kalt werden, ersetzt man sie durch neue, heiße. So kocht das Fleisch langsam und bekommt einen ganz besonderen Geschmack. Mir schmeckt es jedenfalls sehr gut."

Inzwischen hat Naoki, die andere Frau, auf einem Holzbrett glühende Steine vom Feuer geholt und sie in einen ledernen Behälter mit Wasser, Gräsern und getrockneten Pilzen gelegt. Bald kocht und sprudelt das Wasser. Weißer Dampf steigt auf. Es dauert nicht mehr lang, dann können alle ihre aus Knochen oder Holz geschnitzten Schüsseln mit der heißen Suppe füllen und sie trinken.

Ginette Hoffmann und Françoise Lebrunn

In Nachschlagebüchern für Kinder und im Internet findest du noch mehr Informationen über das Leben in der Steinzeit.

Zwei Baustellenteufel

Manchmal kommt der Hansi zum Franzi in die Siedlung zum Spielen. In der neuen Siedlung gibt es viele Baustellen, wo während der Woche kein Mensch zu sehen ist. Logisch, dass sich der Hansi und der Franzi während der Woche gern auf diesen Baustellen herumtreiben.

Eines Tages finden sie auf einer der Baustellen eine volle Zündholzschachtel. „Ou, sauber, da machen wir uns ein Lagerfeuer!“, freut sich der Franzi.

„Nein, nicht, wart' doch!“, will ihn der Hansi bremsen. Sein Papa hat ihm das Zündeln streng verboten. „Was da alles brennen könnt! So viele Bauernhöfe sind schon abgebrannt, weil Kinder gezündelt haben!“ „Solche Siedlungshäuser sind doch kein Bauernhof! Schau doch hin: alles Stein, hinten und vorn, alles bloß Stein und Beton. Und Steine brennen doch nicht, hast du das noch nie gehört?“, will ihn der Franzi überreden. „Ich bin doch nicht blöd!“, gibt der Hansi zurück.

„Also dann, komm, sei kein Feigling, wir holen uns Erdäpfln vom Feld da drüben und braten's am Lagerfeuer!“

„Na ja“, sagt der Hansi und spürt, wie er innen drin umkippt. Ein Feigling, nein, das will er nicht sein. Und schon hat er genickt und macht mit. Zuerst graben sie die Kartoffeln aus, drüben auf dem Feld. Danach tragen sie auf der Baustelle, wo sie die Zündhölzer gefunden haben, einen Haufen Brennmaterial zusammen. Und weil sie Angst haben, dass sie erwischt werden – dass es verboten ist, weiß ja jedes Baby –, trauen sie sich nicht, den Haufen im Freien aufzuschichten. Sie tragen das ganze Brennmaterial in den Keller vom Rohbau.

Der Franzi nimmt die Zündholzschachtel und will den Stoß anzünden.

„Verflixt!“

„Was ist denn?“

„Brennen tun's nicht!“

„Vielleicht sind's feucht …?“

Der Franzi hat schon fast alle Hölzer abgerieben.

Plötzlich zischt es. Eine Flamme packt das Papier vom Zementsack. Im Nu brennt das ganze Papier.

Gleichzeitig aber fängt das Feuer fürchterlich an zu rauchen.

„Das qualmt ja grässlich!“, hustet der Hansi und hält sich die Hand vor den Mund.

Der Franzi will etwas unternehmen, will das Feuer mit den Füßen austreten. Aber er schafft es nicht. „Das raucht ja noch viel mehr.“

„Wir müssen löschen!“, schreit der Hansi und kriegt gleich darauf einen neuen Hustenanfall.

Dicke Rauchschwaden füllen den ganzen Kellerraum.

Der Franzi beginnt auch zu husten. „Wasser brauchen wir, Wasser!“

Sie rennen hinaus. Beide haben schreckliche Angst, dass das ganze Haus abbrennen könnte.

Der Franzi findet eine leere Heringsbüchse.

„Such dir auch irgendwas zum Wasserschöpfen!“, schreit der Franzi, weil der Hansi wie angewurzelt dasteht.

Da packt er einen Joghurtbecher und schöpft wie der Franzi Wasser aus einer Dreckpfütze.

Dann rennen sie zurück in den Keller und schütten das Wasser ins Feuer. Rauch ist gar kein Ausdruck mehr für das, was jetzt den Keller füllt. Beide wollen hinausrennen. Aber sie finden den Ausgang nicht.

Plötzlich ertönt eine fremde Stimme. Ein Arm packt den Hansi und zerrt ihn aus dem Keller.

Noch eine Stimme ist zu hören: „Beinahe hätten wir die Feuerwehr angerufen wegen euch." Ein Arm packt den Franzi und zerrt nun auch ihn aus dem Keller. Die beiden Buben reiben sich die tränenden Augen. Sie haben zwei Männer in blauen Handwerkeranzügen vor sich. „Wem gehört's denn ihr?", schreit der eine den Franzi an. Der andere rennt mit einem Kübel voller Sand in den Keller. Er will das Feuer nun richtig löschen, damit nichts mehr passieren kann.

Harald Grill

Harald Grill erzählt in dem Buch „Gute Luft – auch wenn's stinkt" viele spannende Hansi-Geschichten.

Isaak Iljitsch Lewitan: Die Eiche

Warum die Eiche im Winter ihre Blätter behält

Der mächtigste und festeste Baum ist bei uns die Eiche.
Eichen werden nicht nur sehr groß und dick und alt.
Sie werden auch nie ganz kahl.
Erst wenn im Frühjahr das neue Laub zu sprießen beginnt, fallen die letzten Blätter des Vorjahres ab.
Warum das so ist, erzählt eine alte Legende:

Einst bat der Teufel den lieben Gott, er möge ihm die Herrschaft über die Wälder überlassen, damit er auch irgendwo auf der Erde Herr sei. In seiner Güte schlug es ihm Gott nicht ab. Doch sollte Satans Herrschaft erst beginnen, wenn alle Bäume ohne Laub wären.
Voll Sorge hörten die Bäume von dieser Abmachung, die sie dem Bösen ausliefern sollte. Und die starke Eiche beschloss, des Teufels Anliegen zu durchkreuzen.
Mit aller Kraft hielt sie ihre welken Blätter im Herbst und im Winter fest, bis das neue Grün des Frühjahrs spross.
So machen es die Eichen seither Jahr für Jahr; und der dumme Teufel wartet noch immer vergeblich auf den Tag, an dem er seine Herrschaft über die Wälder antreten kann.

unbekannter Verfasser

Warum die Blätter gelb werden

Im Sommer hat der Ahorn viele grüne Blätter. Das Grüne in den Blättern nennt man Chlorophyll. Mithilfe von Sonnenenergie stellt das Chlorophyll einen Teil der „Nahrung“ für den Ahorn her. Im Winter wächst der Ahorn nicht, deshalb braucht er auch nur wenig Nahrung. Im Herbst baut sich das Chlorophyll in den Blättern ab und die Blätter färben sich gelb. Das Gelbe in den Blättern ist die ganze Zeit da gewesen, wir haben es nur nicht gesehen. Es wurde von dem grünen Chlorophyll überdeckt. Sogar ein bisschen Rot war immer in den Blättern. Der Ahorn braucht im Winter seine Blätter nicht. So ist das bei fast allen Laubbäumen. In der Kälte wäre es für den Baum zu schwer, alle Blätter am Leben zu erhalten. Es ist wichtiger, dass Wurzeln, Stamm und Äste überleben. Wenn der Ahorn sich aus den Blättern versorgt hat, fangen die Blattstiele an, sich von den Zweigen zu lösen. Und eines Tages schwebt das erste Herbstblatt zur Erde. Da, wo es am Zweig gesessen hat, ist nur noch eine kleine Narbe. Aber hinter der Narbe liegt schon jetzt ein klitzekleines Blatt und wartet auf den Frühling.

Waldschätze

Zufrieden streckt sich Petra im Bett aus und kuschelt sich in die Decke. Sie denkt noch immer an die Tiere, die sie heute im Wald gesehen hat: Die Eichelhäher, die sich zankten, das Reh, das in wilder Flucht an ihr vorüberjagte, die großen roten Waldameisen, von denen sie sich ein wenig zwicken ließ.

Bevor sie das Licht löscht, blickt sie noch einmal auf den Tisch. Da liegen alle die Schätze, die sie mitgebracht hat. Kleine, dicke Kiefernzapfen, die beim Trocknen so schön knistern. Lange, harzige Fichtenzapfen und die kleinen Zapfen der Lärche, die so fest an den Zweigen sitzen. Die vier rund geschliffenen Steine aus dem Bach sind jetzt trocken und glänzen nicht mehr. Den größten will sie schön anmalen. Die braun und weiß gestreifte Feder vom Bussard ist für die Federsammlung.

Aber am besten gefällt ihr das gelb und schwarz gestreifte Schneckenhaus. Der Vater hatte gesagt, dass es das Haus der Schnirkelschnecke sei. Zuerst wollte Petra das nicht glauben, es klang so ausgedacht. Aber dann fanden sie im Wanderführer die Erklärung für den Namen: Schnirkel hatte einmal Schnörkel geheißen. Und so sieht das Schneckenhaus auch aus. Was sie damit wohl anfangen kann? Petra fällt nichts ein. Sie will es aufheben, einfach so zum Anschauen. Bei jeder Wanderung hat sie bisher etwas Neues für ihre Sammlung gefunden.

Endlich macht Petra das Licht aus. Es riecht nach Harz. Fast ist es wie im Wald – ein bisschen hat sie ihn in ihrem Zimmer.

Antje Krüger

Zum Pilzesammeln auf Bäume klettern!

Um einen besonderen Pilz zu finden, sollten Pilzsucher auch an den Stämmen von Bäumen hinaufblicken. Es könnte sein, dass in luftigen Höhen essbare Pilze wachsen: der Hallimasch!

Diese Pilzart, die auf absterbenden Bäumen vorkommt, kann tatsächlich hoch oben wuchern, weil der Pilzkörper das ganze Holz des Stammes bis in die Höhe durchdrungen hat.

Der Hallimasch ist ein essbarer Pilz, mit dem man Suppen und Soßen würzt. Nur im Rohzustand ist er leicht giftig. Empfindliche Menschen vertragen ihn auch gekocht nicht besonders gut und bekommen Bauchweh davon.

Der Hallimasch ist wichtig, weil er totes Holz zersetzt. Darum wächst er meistens auf Baumstümpfen. Wenn du dort Hallimasch findest, dann siehst du am morschen Stamm unter der Rinde auch das Myzel, den eigentlichen Pilzkörper mit den schwarzen Fäden. Diese können sich unterirdisch kilometerweit ausdehnen. Forscher haben vor kurzem in einem Waldgebiet das Myzel eines Hallimasch, also sein Pilzfadengeflecht, auf einer Fläche von 880 Hektar entdeckt – das ist so groß wie 1200 Fußballfelder!

Solange der Hallimasch totes Holz zersetzt, ist er wichtig im Wald. Leider betätigt sich dieser Pilz aber auch als „Baumkiller“. Er dringt nämlich auch in junge Nadelbäume ein und bringt sie zum Absterben. Dann „verspeist“ er ihr Holz. Darum ist er auch ein Waldschädling. Aber einer, den wiederum wir aufessen können.

Schüler pflanzten Kastanienhain

Westerngrund. Einen kleinen Kastanienhain legten die Schüler der Grundschule Westerngrund am Wasserhochbehälter an. Zusammen mit ihrer Lehrerin pflanzten sie unter der fachlichen Leitung von Forstamtmann Theo Rückert vom Forstamt 25 junge Esskastanien.

Mit einer Flaschenpost, die die Kinder in das Wurzelbett der Bäumchen legten, gaben sie ihnen viele gute Wünsche mit auf ihren Lebensweg. Vielleicht wird diese Flaschenpost ja einmal in vielen hundert Jahren unter dem Wurzelstock eines dieser Bäume gefunden.

Ihr besonderes Verhältnis zu den Bäumen zeigten die Kinder auch dadurch, dass sie ihre Bäumchen durch Zeichnungen dokumentierten. In einem Baumbuch erfassten sie ihre Kastanien. Über das Schuljahr hinweg wird die Entwicklung der Bäume durch Zeichnungen, Messungen und Beschreibungen festgehalten. Die vier Jahreszeiten werden ihnen dadurch besonders bewusst.

Die ersten Esskastanien können die Kinder voraussichtlich in sechs bis acht Jahren ernten. Bis mit größeren Erträgen zu rechnen ist, werden aber wohl 20 Jahre vergehen. Dann werden die heutigen Schüler mit ihren eigenen Kindern die rotbraunen Früchte sammeln können.

Ein gut entwickelter Kastanienbaum kann bis zu 200 Kilogramm davon tragen. Gekocht oder gebraten sind sie eine Leckerei. Nicht nur Menschen, sondern auch Vögel, Eichhörnchen, Mäuse, Wildschweine und viele andere Tiere schätzen die leckeren, stärkehaltigen Früchte.

Ein Riese warf einen Stein

Ein Riese
warf einen Stein.
Gänge und viele Zimmer stürzten ein.
Hunderte brachen ein Bein.
Zwei Dutzend brachen das Genick.
Andere hatten Glück.
Der Stein
hatte wie eine Bombe eingeschlagen.
Zusammengebrochen
ist das Werk vieler Wochen.
Doch schon rennen Tausende herbei.
Tote werden weggetragen.
Man zieht, man zerrt,
schleppt Trümmer,
baut neu:
neue Gänge,
neue Zimmer.
Doch im Getümmel
hört man da und dort
einen sagen:
Solch ein Lümmel!
Wer war der Verbrecher?
Wer?
Ein Bub.
Was dachte sich der?
Nicht viel.
Er warf nur zum Spiel
den Stein
auf den Ameisenhaufen.

Josef Guggenmos

Waldameisen in Gefahr

Waldameisen erfüllen wichtige Aufgaben im Wald:
Sie verbreiten die Samen der Pflanzen und lockern den Waldboden auf. Weil sie sich von verschiedenen anderen Insektenarten ernähren, vernichten sie Schädlinge wie den Borkenkäfer.
Aber die Waldameisen sind auch Nahrung für viele andere Tiere wie die Spechte.

Obwohl die Waldameisen seit über 200 Jahren unter Naturschutz stehen, gehen die Bestände immer mehr zurück. Fast alle Arten werden auf der „Roten Liste der gefährdeten Tierarten“ geführt. Die Ameisen sind zum Beispiel durch Insektenschutzmittel bedroht, die verwendet werden, um Schädlinge im Wald zu bekämpfen. Die Nester der Ameisen können durch schwere Stürme zerstört werden. Aber auch die mutwillige Zerstörung der Ameisenhügel durch Menschen gefährdet die Waldameisen.

Wusstet ihr schon, dass ...

... ein Ameisenhügel bis zu zwei Meter hoch werden kann?
... in einem großen Ameisennest mehr als eine Million Arbeiterinnen leben können?
... eine Million Waldameisen nur etwa sieben Kilogramm wiegen?
... manche Nester nur eine Königin enthalten, andere aber mehrere hundert Königinnen?
... eine Waldameisenkönigin bis zu 25 Jahre leben kann, die Arbeiterin aber nur bis zu sechs Jahre?
... eine Waldameisenarbeiterin etwa das 40-fache ihres Gewichtes tragen kann?
... ein großes Waldameisenvolk an einem Tag bis zu 100 000 Beutetiere verzehren kann?
... die Waldameise bei Gefahr aus ihrem Hinterleib Ameisensäure spritzen kann, die auf der Haut brennt?

Können Küchenherde fliegen?

Wie ist die Flasche aus dem Laden
in den grünen Wald geraten?
Fiel sie aus Rotkäppchens Körblein
und ein Häschen trank den Wein?

Wie kam der Stuhl aus Schulzes Wohnung
hier in diese Kiefernschonung?
Ist er gelaufen? Ganz alleine?
Denn immerhin hat er drei Beine.

Ja, fraßen dort vielleicht zwei Füchse
die Ölsardinen aus der Büchse?
Und ein Specht hat über Nacht
klopf-klopf die Büchse aufgemacht?

Wem, zum Kuckuck, welcher Wachtel
gehörte die Pralinenschachtel?
Ist sie vielleicht der letzte Rest
von einem Rehgeburtstagsfest?

Und wer ließ die Zeitung liegen
in dem schönen, weichen Moos?
Ist das noch herauszukriegen,
welches Wildschwein war das bloß?

Können Küchenherde fliegen?
War es diesmal umgekehrt:
Der Rauch blieb in der Küche liegen
und aus dem Schornstein flog der Herd?

Und es sprach ein Baum zum andern:
Lasst uns aus den Wäldern wandern,
gehen wir nun als Belohnung
zu den Leuten in die Wohnung,

gehen wir zu diesen allen,
lassen über ihren Betten
Nadeln und die Blätter fallen,
dann begreifen die was, wetten?

Gerd Eggers

Rätsel

Tausende
aus den Zweigen treiben
und trotzdem
kannst du auf keines

Hoch wie ein
klein wie eine
Stachlig wie ein
glänzend wie ein

Der arme Tropf
hat einen
und keinen Kopf
und hat dazu
nur einen Fuß
und keinen

Sie laufen und laufen
und schleppen gar schwer
zum Bauen von Haufen
die daher.

Es klopft und klopft
tagaus und tagein,
obwohl's alle hören,
sagt niemand
„Herein!"

Es geht immer
um den
und kann doch nicht
hinein.

Lyonel Feininger: Zeitungsleser II

GRASHÜPFER

Klassenzeitung der Pestalozzi-Schule

Inhalt

Schule zu Omas Zeiten

Max: Kannst du dich noch erinnern, wie viele Kinder ihr in eurer Klasse wart?
Oma: Wir waren ungefähr fünfzig Kinder in unserem Klassenzimmer. Von der ersten bis zur achten Klasse saßen alle zusammen.
Max: Bei so vielen Kindern war es ja unheimlich laut!
Oma: Ganz im Gegenteil. Wir mussten still sitzen und zum Antworten mussten wir aufstehen. Wenn wir etwas angestellt hatten, gab es harte Strafen!
Max: Was waren denn das für Strafen?
Oma: Der Lehrer schlug uns manchmal. Ich musste einmal eine ganze Stunde in der Ecke stehen, weil ich mit meiner Nachbarin geschwätzt hatte. Wenn es ganz schlimm kam, schloss der Lehrer ein Kind über Mittag im Klassenzimmer ein.
Max: Und wie sah euer Klassenzimmer aus?
Oma: Wir saßen in Schulbänken. Da waren die Stühle fest mit dem Tisch verbunden und auf dem Boden angeschraubt. Die unteren Fensterscheiben waren gekalkt, damit wir nicht hinausschauen konnten.
Max: Hattet ihr auch Hefte und ein Federmäppchen wie wir?
Oma: In den ersten Klassen mussten wir mit einem Griffel auf eine Schiefertafel schreiben. Das hat furchtbar gekratzt. War die Tafel voll, hat man sie einfach wieder abgewischt. Später schrieben wir mit einer Stahlfeder und Tinte. Übrigens sah unsere Schrift anders aus als die Schrift, die ihr heute lernt.
Max: Danke für das Interview.

Kartoffelkerle

Zutaten:

- große, mehlige Kartoffeln
- für jede Kartoffel ein Würstchen (Wiener)
- Alufolie

Zubereitung:

1. Kartoffeln in kaltem Wasser sauber bürsten und dann abtrocknen.
2. In jede Kartoffel ein Loch bohren und ein Würstchen durchstecken.
3. Alufolie auf eine glatte Fläche legen. Einen Kartoffelkerl darauf setzen. Die Schnitze vom Loch dazulegen. Zu einem Päckchen einwickeln.
4. Die Folienpäckchen auf den Grillrost im Ofen legen. In der vorgeheizten Backröhre bei 225 Grad sind die Kartoffelkerle nach 70 bis 90 Minuten fertig.

Gib Acht beim Umgang mit Messer und Herd!

Pancakes

Zutaten:

$1\,^{1}/_{2}$ Tassen Mehl
$^{1}/_{2}$ Tasse Zucker
1 Teelöffel Backpulver
2 Eier
1 Tasse Milch (oder mehr)
1 Messerspitze Zimt
Lebkuchengewürz
(nach Belieben)
Öl zum Ausbacken
Ahornsirup oder Blaubeeren

Zubereitung:

1. Mehl, Backpulver und Gewürze mischen.
2. Zucker, Eier und Milch zugeben und verrühren.
3. Aus dem Teig in einer Pfanne mit etwas Öl kleine runde Pancakes backen.
4. Mit Ahornsirup oder Blaubeeren servieren.

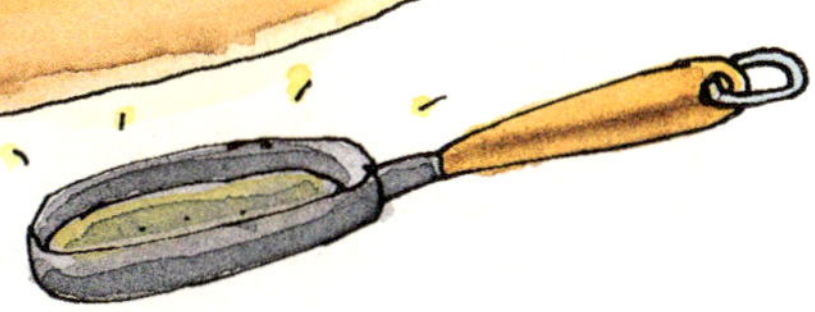

Witze

4

Schlechte Schrift

Tina schreibt einen Satz von der Tafel ab. Sie schreibt so schnell, wie sie nur kann. „Warum schreibst du denn so schnell?“, fragt die Lehrerin, „das kann man ja kaum noch lesen.“ Hastig antwortet Tina:
„Na ja, mein Füller ist gleich leer, da muss ich mich eben beeilen!“

Beim Diktat

„Erich“, sagt der Lehrer beim Diktat, „das ist das dritte Mal, dass du zu Fatma hinüberschaust!“
Darauf Erich: „Das kommt daher, weil Fatma so undeutlich schreibt!“

Der Hund

„Dein Aufsatz über das Thema ‚Unser Hund‘ ist Wort für Wort der gleiche wie der deiner Schwester“, sagt die Lehrerin.
„Na klar. Es ist ja auch derselbe Hund!“

Thomas überlegt

Thomas überlegt, was er jetzt machen will. Er holt eine Münze. „Was soll das?“, fragt seine Mutter. „Wenn der Kopf oben liegt, geh ich ins Kino, wenn die Zahl oben ist, gehe ich zum Schwimmen und wenn die Münze auf dem Rand stehen bleibt, mache ich Hausaufgaben“, erklärt Thomas.

Claudia Lehna

Zwei Menschen – zwei Sprachen

5

Stehen ein Cowboy und ein Indianer bei einem heftigen Regenguss unter einem Dach.

Fragt der Cowboy den Indianer: 

Antwortet der Indianer: 

Meint der Cowboy: 

Lacht der Indianer: 

Kopfschüttelnd trennen sich die beiden.
Zuhause erzählt der Indianer: *Hab' ich doch heute einen komischen Cowboy getroffen.*

Fragt er mich:  *Hast du einen Regenschirm?*

Antworte ich: *Ja, aber zuhause!* 

Meint er:  *Kannst du ihn holen?*

Sag ich: *Ne, es regnet doch!* 

Zuhause erzählt der Cowboy: *Hab ich doch heute einen komischen Indianer getroffen.*

Frag ich ihn:  *Wo wohnst du?*

Antwortet er: *In einem Zelt.* 

Sag ich:  *Gehen wir dort hin?*

Meint er: *Da passt aber nur einer rein!* 

6

Auf dem Staffelberg

Mein Bruder Peter und ich durften in den Herbstferien mit unserem Vater und Onkel Walter wieder zum Klettern.
Unser Ziel war diesmal der Staffelberg 539 Meter hoch!!
Zuerst wanderten wir ungefähr zwei Stunden. Das war ziemlich anstrengend, weil es immer bergauf ging. Endlich waren wir kurz vor dem Gipfel. Vor uns stand ein riesiger, steiler Felsbrocken. Er war bestimmt über 10 Meter hoch.
„Da müssen wir rauf!“, meinte Onkel Walter. Papa und Onkel Walter leerten ihre Rucksäcke aus. Da waren zwei Helme, mehrere lange Seile und zwei Brustgeschirre drin.
Zuerst kletterte Papa hinauf. Das sah ganz schön gefährlich aus. Als er oben angekommen war, ließ er ein langes Seil herunter. Onkel Walter hatte uns in der Zwischenzeit die Brustgeschirre angezogen und fest zugebunden. Nun hängte er Peter mit einem großen Haken an das Seilende.
Onkel Walter stieg neben Peter den Felsen hinauf und zeigte ihm, wo er sich am besten festhalten konnte. Papa hielt das Seil immer ganz straff gespannt. So konnte Peter nichts passieren.
Nun stand ich ganz allein unten. Als Papa das Seil wieder heruntergelassen hatte, hängte ich den Haken so ein, wie es mir Onkel Walter gezeigt hatte. Ein bisschen Angst hatte ich schon! Aber so schwierig war es gar nicht: Ich kletterte mit Händen und Füßen hoch und Papa rief mir immer zu, was ich tun musste. Einmal hab ich sogar nach unten geschaut: Ui! Unter mir ging es ganz steil hinab! Papa gratulierte mir, als ich endlich oben angekommen war.
Ich war richtig stolz!

Britta

Der kleine grüne Drache und die Schularbeiten

„Gut, dass is keine Sularbeiten masen muss“, sagt der kleine grüne Drache. „Die Sule find is sön. Aber Sularbeiten überhaupt nist.“ Der kleine Drache stupst Morris in die Seite. Morris, der gerade Blume schreibt, rutscht mit dem Stift quer über das Blatt. „Kannst du denn nicht aufpassen?“, brüllt er. „Jetzt hast du mir die ganzen Schularbeiten kaputtgemacht.“ „Is hab das dos nist extra getan“, entschuldigt sich der kleine Drache. „Aber du hast es getan“, schreit Morris ihn an. „Und ich werde morgen ausgeschimpft von Frau Neumann. Nur, weil du so blöd bist.“ „Du bist aus blöd“, schimpft der kleine Drache. „Is sitze hier bei dir und warte auf dis. Und du plärrst mis so an!“ „Hau doch ab!“, schreit Morris. „Das mas is aus!“ Der Drache springt auf. Klappert mit den Augendeckeln, hustet und qualmt. Als er nicht mehr qualmt, ist das Heft von Morris brutzelbraun gequalmt. „Oh, nein! Sieh dir das an, was du jetzt gemacht hast!“ Morris hält ihm das Heft unter die Nase. Der kleine Drache schnappt mit seinem Maul nach dem Heft. – Und frisst es auf! „So!“, sagt er, kaut und schluckt. „Jetzt hast du überhaupt keine Sularbeiten mehr!“ „Und was soll ich sagen, wenn Frau Neumann mich morgen danach fragt?“, schreit Morris. „Dann, dann zeig is ihr, wo die Sularbeiten sind!“ Der kleine Drache tippt auf seinen Bauch. „Und dann sag is ihr aus, dass is Sularbeiten nist leiden kann.“

In dem Buch „Der kleine grüne Drache“ von Ursula Fuchs gibt es ganz viele lustige Geschichten mit dem kleinen Drachen.

Uli

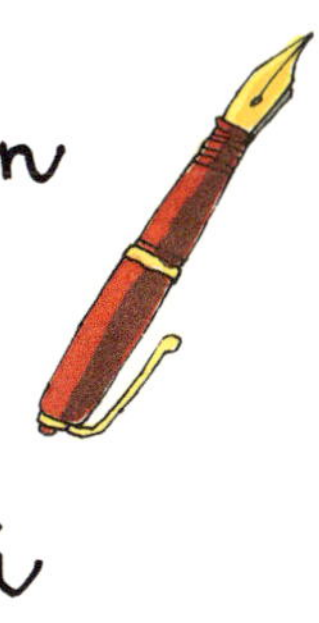

8

Rätsel, Witze

Es fliagt in da Luft, hat zwoa Haxn und is schwarz!

Es fliagt in da Luft, hat vier Haxn und is schwarz!

Es fliagt in da Luft, hat sechs Haxn und is schwarz!

aus Oberbayern

„Bittschee Herr Hausmeister, is in dem Schulhaus a Lehrer Hammer?"
Hausmeister: „Wartens amol.
An Grieshammer hammer, an Schmiedhammer hammer,
an Teisnhammer hammer, an Steghammer hammer,
an Weghammer hammer, oba an Lehrer Hammer hammer bei uns nöt!"

aus Mittelfranken

Zungenbrecher

Schellet it an seller Schella, sella Schella schellet it;
schellet bloß an seller Schelle, sella Schella schellat scho!

aus Schwaben

Wou die Hasn Hosn und die Hosn Husn haasn,
da ist Nürnberg.

aus Mittelfranken

D'Keanerin hod's Bsteck z'spat b'stead.

aus Oberbayern

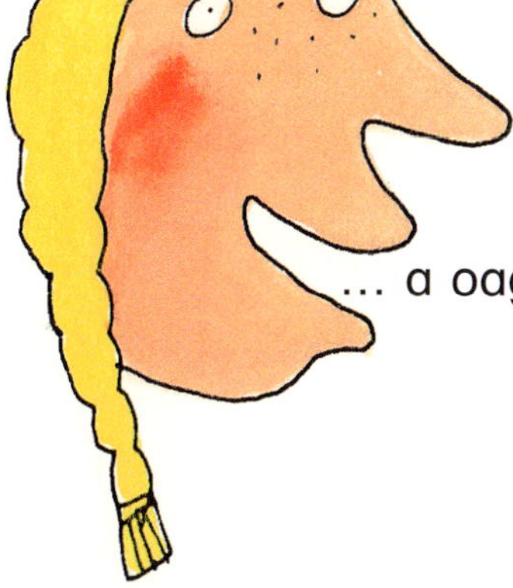

... a oagn'em grasgre agschdrichenes Gardedörle ...

aus Schwaben

Nanjing Road, Shanghai (China)

Reklame, Reklame

Bilder, Namen,
Leuchtreklamen,
Lichter aus und Lichter ein,
taghell bricht die Nacht herein.
Hinauf, hinunter,
immer bunter,
flackert grell das Lichtermeer,
springt wie Blitze hin und her,
funkelt dunkelrot, dann hell,
jetzt grün, gleich blau, dann lila grell,
blinkt und flimmert,
glänzt und schimmert,
strahlt und flirrt
und zuckt verwirrt
wie viele tausend superreine,
schillernd bunte Edelsteine,
lebhaft hüpft die Flut der Lichter
auf und ab, wird immer dichter,
schreit uns zu: Kommt hier herein!
Schaut euch um und kauft mich ein!

Britta Fuchs

Ich will so bleiben, wie ich bin

Ente Erna schaute neugierig durch das Fenster der Bauern und staunte: Das war ja kaum zu glauben, was sie da im Fernsehen gesehen hatte!

Sofort rannte sie in den Hühnerstall. „Alle mal herhören! Es werden nur noch Eier verkauft mit einer Überraschung drin. Nur damit ihr Bescheid wisst!“ „Überraschungen?“, fragten die Hühner verwirrt. „Wer behauptet denn so was? Und was sollen das für Überraschungen sein?“ „Überraschungen eben“, sagte Erna. „Das haben sie im Fernsehen gesagt, also wird das wohl stimmen!“

Erna rannte weiter zum Kuhstall. „Neuigkeiten, Neuigkeiten, Neuigkeiten! Habt ihr schon gehört: Die schönsten Kühe sind lila!“ „Du spinnst wohl!“, rief Waltraud und verschluckte sich fast vor Schreck. „Lila? Seit wann denn das?“ „Das erzählen die im Fernsehen“, sagte Erna, „und dann wird es wohl stimmen, oder?“

Erna rannte weiter. Die Katze Cleo saß vor der Scheune und putzte ihren runden Bauch. „Na, du Pummel!“, hänselte Erna, „Hast du noch nicht gehört? Nur wer dünn ist, ist richtig glücklich.“ Die Katze schaute auf ihren Bauch und fragte: „Bist du ganz sicher?“ „Und ob!“, rief Erna. „Das sagen die sogar im Fernsehen!“

Nach diesen Neuigkeiten waren die Tiere ganz verwirrt. Stimmte das wirklich?

Die Hühner versuchten alles, um Überraschungen in ihre Eier zu bekommen. Immer wieder schlugen sie vorsichtig ein Ei auf, aber weit und breit war keine Überraschung zu sehen.

Die Kühe aßen nur noch lila Blüten und rieben sich auch damit ein. Sie sahen von Stunde zu Stunde fleckiger aus, aber kein bisschen lila.

Die Katze Cleo machte Gymnastik und eine Möhrendiät. Dabei fand sie Möhren schrecklich eklig. Und ihr Bauch blieb kugelrund.

Drei Tage später trafen sich die Tiere in der Scheune. Alle waren unzufrieden. „Ich hasse Diäten", sagte Cleo. „Ich habe die ganze Zeit Hunger, vorher habe ich mich viel wohler gefühlt. Ich will so bleiben, wie ich bin!" „Wir auch!", riefen die anderen Tiere. „Fernsehen mag ja Spaß machen, aber müssen wir alles glauben, was die im Fernsehen sagen?"

nach Hermien Stellmacher

Fernsehreklame

Schalte ich das Fernsehn ein,
holt mich die Reklame ein.
Aus dem Film reißt sie mich rüde,
preist mir Sachen an – solide:
Klopapier und Schmerztabletten,
Hühnersuppe, Wasserbetten,
Scheuerpulver, Margarine,
Nasefrei und Vaseline,
Schönheit aus der Einwegtube,
neue Kissen für die Stube,
Fußwohl, Babybrei und Windel,
Hilfe, mich erfasst ein Schwindel.
Schon rast wieder die Reklame
über mich hinweg, erbarme!
Badeduft und Blitzeblank,
all das gibt es, Gott sei Dank!
Brauchst dich nur im Kreise drehn,
schon ist deine Wohnung schön,
kinderleicht das Kachelwienern,
ohne Müh die Schuh polieren,
Hundefraß und Katzenfutter,
für den Tisch die Kräuterbutter,
Haarwaschmittel, Superspray,
Töpfe scheuern, Kraft ade!
Geht ja schon im Handumdrehn,
ach, wie ist die Welt so schön.
Zähne lächeln weiß wie Eis,
wenn man nur das Mittel weiß.
Und wie wird man Millionär?
Dieses Viertellos muss her!
Schokolade, Osterei,
Pizza und Kartoffelbrei,
Schuppenmittel, Frischeduft,
für das Klo die gute Luft,
Chlorophyll, PH neutral,
Aktivschaum, ist ja egal!
Neue Wörter, neue Mittel,
ja, wer findet sich da aus?
Ach, ich schalte, ach, ich schalte,
meinen Apparat jetzt aus!

Sibylle Mews

Die Geschichte vom Schaumbad

Ein Mann sah jeden Abend das Werbefernsehen und dann kaufte er alles, wofür da Reklame gemacht wurde. Einmal zeigte ein wunderschönes Mädchen einen neuen Badeschaum, durch den sollte jeder gesund und glücklich werden. Sofort kaufte der Mann drei große Packungen von diesem Schaumbad. Er wollte auf einen Schlag gesund und glücklich werden, darum schüttete er sich gleich eine ganze Packung in die Badewanne. Er plätscherte ein bisschen und schon gab es schönen weißen Schaum. Er plätscherte weiter und der Schaum stieg immer höher. Plötzlich saß der Mann bis zur Nase wie in steifem Eierschnee. Er schnappte nach Luft und schlug um sich. Dicke Schaumflocken stoben hoch und dann ging es erst richtig los: Der Schaum plusterte sich auf und schwoll dem Mann über den Kopf und schäumte bis zur Zimmerdecke. Der Mann fühlte sich kein bisschen gesund und glücklich. Er sah nur noch Weißes, er hatte die Nase und die Ohren voll Schaum, er strampelte und boxte und schrie: „Aufhören, aufhören!“ Und dabei verschluckte er sich auch noch an dem Zeug.

Seine Frau und die Kinder rissen erschrocken die Tür auf. Eine dicke weiße Schaumwolke quoll aus dem Badezimmer, und oben in der Wolke hing der Mann und ruderte mit Armen und Beinen und japste und hustete und spuckte.

Ursula Wölfel

Jean Metzinger: Im Radstadion

Wer bin ich?

Ich bin, ein jeder auf der Welt
weiß dies, aufs Rollen eingestellt,
drum hab ich runde Beine.
Mag Kurven, Berge und Gelände,
vor allem Pfützen – ohne Ende,
doch gar nicht spitze Steine.

Wer mit mir fährt, der hält sich fit,
braucht Muskeln nur und keinen Sprit,
spart Geld und bleibt beweglich.
Kommt schnell voran, kennt keinen Stau,
erhält dem Himmel so sein Blau
und nutzt die Umwelt pfleglich.

Das mag ich nicht: im Regen stehn,
vom Keller aus den Sommer sehn,
im Dunkeln ohne Lampe sein,
zum Parken einfach hingeschmissen,
nicht abgesperrt, wo warten müssen
und fahren nur auf einem Bein.

Doch brauche ich gelegentlich
ein wenig Pflege auch für mich:
Öl auf die müden Glieder.
In meine Füße Frischluft pumpen,
mich streicheln mit 'nem weichen Lumpen
bringt mich zum Strahlen wieder.

Britta Fuchs

Wo auch Drahtesel Esel sind

„Drahtesel“ nennen wir das Fahrrad zum Spaß. Denn schuften wie ein Esel müssen unsere Räder nicht. Wir brauchen sie ja nur für den Schulweg und als Freizeit-Gefährt. Das ist aber nicht überall so.

In vielen Ländern der Erde wird das Fahrrad tatsächlich wie ein Esel beladen. In Uganda, einem Land in Afrika, ist es ein wichtiges Transportmittel. Ein Auto kann sich dort kaum jemand leisten. Unglaublich, welche Mengen dort auf die Räder gepackt werden. Zum Beispiel frisch geerntete Bananen.

In den armen Ländern der Welt werden nicht nur Waren mit dem Rad befördert, sondern auch Fahrgäste. In einem Rad-Taxi kommt man in Indien viel schneller voran als in einem Auto-Taxi. Für die Umwelt ist es ohnehin eine tolle Sache, das Auto gegen das Rad einzutauschen. Ein Auto lenkt in diesen Ländern nur jeder Zehnte!

Die meisten Fahrräder gibt es in China, dem bevölkerungsreichsten Land der Erde. Aber auch dort ist der größte Wunsch vieler Menschen ein eigenes Auto. Sollte er sich einmal erfüllen, nimmt die Luftverschmutzung bestimmt noch mehr zu. Darum sollten wir alle viel mehr Fahrrad fahren! Das Auto wird nur dann benutzt, wenn …

Nele fährt Fahrrad

Onkel Bernds nagelneues Fahrrad lehnte draußen am Gartenzaun. Das Allerschönste daran war der Sattel aus lila Leder. Wegen Onkel Bernds Größe war er ziemlich hoch geschraubt, sodass Nele ihn gar nicht richtig betrachten konnte.

Onkel Bernd und Papa waren etwas weiter hinten im Garten.

„Onkel Bernd“, rief Nele vom Gartenzaun her, „darf ich mal mit deinem neuen Fahrrad fahren?“

„Was ist?“, fragte Onkel Bernd. „Du möchtest Fahrrad fahren? Aber natürlich. Da brauchst du mich doch nicht zu fragen. Und nimm Bobby mit, damit er etwas Bewegung hat!“

Nele war in der Zwischenzeit auf den Gartenzaun geklettert und hatte sich von oben auf den lila Sattel von Onkel Bernds Fahrrad gleiten lassen. Mit einer Hand hielt sie sich am Zaun fest, mit der andern klingelte sie. Fahren wollte sie doch lieber nicht, denn das Rad war furchtbar hoch.

Da kam Onkel Bernd um die Hausecke gerannt. Papa folgte ihm.

„Nele, lass den Gartenzaun nicht los!“, rief Onkel Bernd.

„Und pass auf, dass das Rad nicht mit dir davonrollt!“, schrie der Papa.

Doch genau das tat das Rad plötzlich. Nele konnte gar nichts dagegen machen.

„Hilfe, ich fahre!“, schrie Nele.

„Steig sofort ab!“, brüllte der Papa.

„Ich kann nicht!“, rief Nele. „Ich kann nicht mehr absteigen! Das Fahrrad ist zu hoch.“

„Das darf nicht wahr sein!“, stöhnte Onkel Bernd. „Ich will versuchen sie einzuholen.“ So schnell er konnte, sauste er los in die Richtung, in die Nele verschwunden war.

Bobby rannte laut bellend hinter ihm her.

Der Papa jagte in den Keller und holte sein Fahrrad. Auch er machte sich auf die Verfolgungsjagd.

Nele war inzwischen schon fast beim Bäcker Schmidt angelangt.„Wie unbequem das ist, wenn man sich nicht auf den Sattel setzen kann und im Stehen die Pedale treten muss“, dachte sie. „Wo könnte ich nur herunterspringen, ohne mir wehzutun?“ Da fiel ihr der Sandspielplatz im Stadtpark ein. „Dahin werde ich fahren, da falle ich weich“, dachte sie sich. Aus dem Laden von Bäcker Schmidt kam gerade Susi, Neles beste Freundin.

„Nele, wem gehört das tolle Fahrrad?“, rief sie. „Wart auf mich! Ich begleite dich mit dem Skateboard!“

„Ich kann nicht auf dich warten, ich kann nämlich nicht mehr absteigen!“, schrie Nele. Sie war schon ganz erledigt und hatte einen puterroten Kopf vor Anstrengung.

„Ich fahre dir nach“, rief Susi hinter ihr her.

„Ob ich es noch zum Park schaffe?“, dachte Nele.

„Nele ist eben nach links in den Stadtpark abgebogen!“, rief Susi und sauste auf ihrem Skateboard hinterdrein. Papa, Onkel Bernd und Bobby folgten ihr. Nele war schon wieder ein Stückchen weiter.

„Wenn jetzt nicht bald der Sandhaufen kommt, lass ich mich auf die Straße fallen! Aber er muss doch kommen!“, dachte sie.

Aber er kam nicht. Nele hatte im Park den falschen Weg erwischt. Sie fuhr auf der anderen Seite des Stadtparks wieder hinaus und kam zum Marktplatz.

„Willst du gefälligst absteigen!“, schimpfte eine junge Frau, die einen Kinderwagen schob. „Dies ist eine Fußgängerzone!“

„Ich kann nicht absteigen“, stöhnte Nele und fuhr weiter.

Vor dem Café Fröhlich in der Fußgängerzone standen Stühle und Tische auf der Straße. Viele Leute saßen dort gemütlich bei Kaffee und Kuchen. Auch Frau Pelzen, die Neles Eltern im Haushalt half, und Frau Bolsin, Neles Klavierlehrerin.

„Schauen Sie, Frau Bolsin“, rief Frau Pelzen, „da kommt ein Kind auf einem riesigen Fahrrad daher und fährt mitten durch die Fußgängerzone!“

„Ich werd’ wahnsinnig – das ist ja Nele!“, sagte Frau Bolsin.

Neles Kopf hatte in der Zwischenzeit die Farbe der untergehenden Sonne – er war blutrot.

„Kind, steig ab!“, rief Frau Bolsin.

„Ich kann nicht absteigen!“, heulte Nele und fuhr genau zwischen den Tischen hindurch. Sie nahm dabei drei Tischtücher, fünf Tortenstücke und sechs volle Tassen mit.

„Eine Unverschämtheit, so etwas!“, riefen mehrere Leute.

„Das Mädchen kann nicht mehr absteigen!“, schrie Frau Pelzen. „Haltet sie auf! Vorsichtig, dass sie sich nicht weh tut!“

„Haltet das Kind auf!“, riefen nun einige Leute. „Es kann nicht mehr absteigen!“

Alle wollten Nele helfen. Sie ließen ihre Einkaufstüten und Handtaschen fallen und sprangen hinter Nele her. Ein Mann erwischte das Rad am Gepäckträger, zwei Frauen packten die Lenkstange. Papa und Onkel Bernd waren auch da.

Gemeinsam hoben sie Nele vom Rad.

„Ooooh“, sagte Nele, als sie sich an ihren Papa anlehnte, „ist das schön ohne Fahrrad!“

Friederun Reichenstetter

Rund ums Rad

Auf Rädern zum Ruhm

Radprofis fahren nicht nur zum Spaß. Sie haben ihr Hobby zum Beruf gemacht. Täglich trainieren sie und fahren pro Jahr Zehntausende von Kilometern. Bekannte Firmennamen prangen auf ihren Trikots. Von diesen Sponsoren erhalten sie ihr Gehalt. Wirklich viel Geld verdienen aber nur die allerbesten Fahrer, wenn sie z. B. ein Radrennen gewonnen haben. Alle Medien berichten dann über sie.

Spezialist für Radprobleme

Manche moderne Räder sind fast schon technische Wunderwerke. Weit entfernt vom einfachen Drahtesel gibt es Fahrräder, die so teuer wie ein Kleinwagen sind und speziell gewartet werden müssen. Darum kümmern sich Fahrradmechaniker und Fahrradhändler. Das sind interessante und anspruchsvolle Ausbildungsberufe mit guten Zukunftsaussichten.

Auf Rädern zum Applaus

Fahrradjongleure und Kunstradfahrer brauchen neben Talent zur Show eine sehr gute Körperbeherrschung. Sie treten im Zirkus oder als freischaffende Artisten auf. Ihre Figuren müssen sie immer spektakulärer machen, um das Publikum zu begeistern. Was ganz leicht und spielerisch aussieht, haben sie sich durch hartes Training erarbeitet.

Schwere Taschen – leicht bewegt

In der Stadt und auf dem Land bringen radelnde Postboten Briefe, Postkarten und Zeitschriften. Wo Auto oder Fußmärsche unwirtschaftlich sind, bietet sich der Dienst auf dem Fahrrad an. Jeden Morgen holen die Postboten die Sendungen vom Postamt ab und verstauen sie in großen Taschen auf dem Fahrrad. Sie radeln in ihre Bezirke und teilen die Post aus.

Auf Rädern zum Tatort

In vielen Städten sichern Polizisten auf Rädern Parkanlagen und vom Verkehr verstopfte Straßen. Hier kommen sie schnell voran und fahren umweltbewusst. Oft radelt es sich viel angenehmer, als sich in den Verkehrsschlangen mit Blaulicht und Martinshorn mühsam einen Weg bahnen zu müssen. Deshalb übernehmen Polizisten diese Einsätze sehr gerne.

Robert Delaunay: Formes circulaires

Unsere Erde

Wie alt ist unsere Erde?
Manche Wissenschaftler
schätzen ihr Alter auf mehr
als vier Milliarden Jahre.
Manche halten sie für noch älter.
Aber niemand weiß genau,
wann die Erde entstanden ist.

Die Erde, der kreisende Planet im Weltraum,
ist unsere Heimat.
Die Erde ist grün und schön.
Die Erde gibt uns alles, was wir brauchen.
Sie gibt uns Luft zum Atmen.
Sie gibt uns Wasser.
Sie gibt uns zu essen.

Doch wir müssen auch für die Erde sorgen.
Wenn wir die Luft vergiften,
können wir nicht mehr atmen.
Wenn wir das Wasser, die Wälder, die Pflanzen vergiften,
haben wir nichts mehr zu trinken und zu essen.
Nur auf einer grünen Erde
können Menschen wohnen.
Wir müssen dafür sorgen, dass unsere Erde
grün und schön bleibt.

David C.-Knight/Irina Korschunow

Erde

Ich weiß,
dass die Erde um die Sonne kreist,
dass die Erde manchmal bebt und Lava spuckt
und kann doch mit meinen Beinen
fest auf der Erde stehen
oder auf der blanken Erde schlafen.
Wenn ich was Dummes gemacht habe,
möchte ich vor Scham in die Erde sinken.
Aber wenn ich glücklich bin,
habe ich den Himmel auf Erden.

Rosemarie Künzler-Behncke

Dort, wo die Welt aufhört

Dort, wo die Welt aufhört,
am Horizont,
habe ich die Sonne ins Wasser fallen sehen.
Von einer Sekunde zur anderen
sank sie hinter der glatten Meeresscheibe
ins Nichts.
Wenn ich nicht wüsste,
dass die Erde rund ist,
würde ich denken,
die Sonne sei für immer versunken.
Aber Gott sei Dank habe ich ja gelernt,
nicht nur meinen Augen zu trauen.

Roswitha Fröhlich

Umwelt

das Wort ist falsch
das Wort ist dumm
als ginge die Welt
um uns herum

wir sind jedoch
ein Teil der Welt
was wir auch tun
es fällt
auf uns zurück

es fällt auf Ozeane
auf den Schnee
auf Tiere
Pflanzen
nah und fern

was wir auch tun
trifft unsern Stern

Walther Petri

Merkvers

Das Schönste, was uns die Raumfahrt zeigte,
war die Erde als blauer Stern.
Er ist bewohnbar. Aber verletzlich.

Christine Busta

ein blatt

ein blatt
und unter diesem
ein blatt
und unter diesem
ein blatt
und unter diesem
ein blatt
und unter diesem
ein tisch
und unter diesem
ein boden
und unter diesem
ein zimmer
und unter diesem
ein keller
und unter diesem
ein erdball
und unter diesem
ein keller
und unter diesem
ein zimmer
und unter diesem
ein boden
und unter diesem
ein tisch
und unter diesem
ein blatt
und unter diesem
ein blatt
und unter diesem
ein blatt

Ernst Jandl

Warum fallen wir nicht von der Erde runter?

„Warum fallen wir nicht von der Erde runter, wenn sie sich dreht?“, fragt Eva-Maria. „Das kann ich dir sagen“, antwortet Papa. „Eine unsichtbare Kraft hält uns fest oder zieht uns wieder zurück, wenn wir in die Luft springen.“

„Ist das ein Geist?“, fragt Alexander. Papa lacht. „Nein, das ist kein Geist. Das ist die Anziehungskraft der Erde.“ Papa bückt sich und hebt einen Stein auf. „Was passiert, wenn ich den hochwerfe?“ „Er fällt wieder runter“, antwortet Alexander.

Papa nickt. „So sagen wir dazu. Aber genau genommen fällt der Stein nicht, sondern die Anziehungskraft der Erde zieht ihn herunter und hält ihn auf dem Boden fest.“

Eva-Maria ist noch nicht ganz zufrieden. „Die Erde ist doch eine Kugel. Warum fallen dann die Menschen nicht runter, die unten leben?“ „Weil sie genau wie wir von der Erdanziehungskraft festgehalten werden“, antwortet Papa.

„Hängen die dann mit dem Kopf nach unten?“

Papa schmunzelt. „Es scheint so. Aber in Wirklichkeit hängen die Menschen auf der südlichen Halbkugel nicht mit dem Kopf nach unten. Sie leben genau wie wir auf der Erde.“
„Versteh ich nicht“, sagt Eva-Maria.

„Wer von uns aus gesehen auf der anderen Seite der Erdkugel lebt, ist für uns unten“, erklärt Mama. „Und die Leute dort meinen, sie seien oben und wir seien unten.“ „Für alle Menschen ist die Erde unten und der Himmel oben“, ergänzt Papa. „Egal, wo jemand lebt.“

Manfred Mai

Kinder retten ein Moor

Angefangen hatte alles mit einem Wandertag der Klasse 3b. Die Kinder erkundeten das Fußbergmoos im Nordwesten von München. Dabei stellten sie fest, dass hier dringend Hilfe nötig war. Denn durch Entwässerung, Torfabbau und die Umwandlung in Felder war das einst große Moorgebiet zu einem kleinen Rest geschrumpft.

Um auf das Problem aufmerksam zu machen, gestalteten die Kinder sogleich eine Moor-Ausstellung, die auch an anderen Schulen gezeigt wurde.

Die Kinder schrieben Artikel für eine Tageszeitung und gaben ein Interview im Radio. Mit einer Spendenaktion sammelten sie viel Geld. Sie übergaben es dem Landesbund für Vogelschutz, der damit Felder rund um das Moor pachten konnte. Jetzt wird dort keine Landwirtschaft mehr betrieben.

Mehrere Klassen übernahmen auch Patenschaften für diese Moorgebiete. Unzählige Stunden Arbeit haben die Kinder geleistet, um dafür zu sorgen, dass das Moor „renaturiert" wird. Das heißt: es in seinen ursprünglichen Zustand zurückzuverwandeln. Dafür mussten vor allem die Randflächen des Moores entbuscht und gemäht werden. Weil sie nun nicht mehr entwässert wurden, stieg auch der Wassergehalt des Bodens – und es konnten sich nach und nach wieder Moorpflanzen ansiedeln.

So findet man im Fußbergmoos zum Beispiel Orchideen, Wollgräser und den Sonnentau. Das Moos bietet aber auch Raum für verschiedene Tiere wie zum Beispiel den Brachvogel, das Braunkehlchen, den Wiesenpieper oder die Kreuzotter.

Um dieses Moorgebiet als Lebensraum für seltene Tier- und Pflanzenarten zu erhalten, müssen auch weiterhin Pflege- und Schutzmaßnahmen ergriffen werden. Der Landesbund für Vogelschutz, der Bund Naturschutz und der Landkreis Fürstenfeldbruck sorgen dafür, dass das Moor erhalten bleibt, damit die Tiere und Pflanzen dort weiterhin leben können.

Kräuter – Würze aus der Erde

Eine Woche lang drehte sich in der Volksschule Teisendorf alles nur um Kräuter!

Alle Klassen machten mit. Eine Ausstellung zeigte die verschiedensten Kräuter. Dabei waren auch solche, die ursprünglich aus fernen Ländern stammen, z. B. Schwarzkümmel, Anis, Zitronengras, Basilikum, Ysop und Koriander.
Es gab Kräuter-Kosmetik, Duftkissen, Kräuterschmuck und vieles mehr zu bestaunen und zu beschnuppern. Die Kinder trugen alte Kräutergedichte und -sprüche vor. Bei einem Kräuter-Geruchsquiz konnten die Teilnehmer um die Wette riechen.
Nachdem die Kinder bei dieser Aktionswoche einmal auf die Kräuter gekommen waren, ging es jetzt erst richtig los:
Im Schulgarten wurde ein Beet mit Kräutern bepflanzt. Die kamen nach der Ernte in einen Solar-Trockner – ein Holzkasten mit Fächern für die Kräuter.
Durch eine Plastikfolie schien die Sonne in einen schrägen „Kamin“. Die Luft darin erwärmte sich bis auf 55 Grad, stieg deshalb auf und strömte nach oben an den Kräutern vorbei.
Dadurch wurden sie langsam getrocknet und haltbar gemacht.

Schwarzkümmel

Anis

Zitronengras

Basilikum

Ysop

Koriander

Wo ich lebe

Vroni:

Im Sommer lebe ich ungefähr drei Monate mit meinen Eltern auf der Alp. Wir kümmern uns um das Vieh, das die Bauern im Frühsommer auf die hochgelegenen Sommerweiden getrieben haben.
In dieser Zeit kann ich nicht zur Schule gehen. Aber lernen muss ich trotzdem. Meine Mutter bearbeitet mit mir die Aufgaben, die die Schule mir gestellt hat.

Djibrilla:

Ich lebe in Afrika, südlich der Sahara. Wir Tuareg sind ein Nomadenvolk. Wir züchten Kamele, Ziegen und Schafe.
In großen Karawanen ziehen die Männer und Jungen bei bis zu 55 Grad Hitze mit den Tieren zu den Salzoasen. Dort tauschen wir unser Vieh gegen das lebensnotwendige Salz.

Kipanik:

Ich lebe in der Arktis. Im Winter ist es bei uns drei Monate lang dunkel. Es wird bis zu 50 Grad kalt.
Wir Inuit leben von der Jagd auf Wale und Robben. Dabei begleite ich meinen Vater. Die erlegten Tiere verwerten wir vollständig.

Halijah:

Ich lebe auf Sulawesi. Das ist eine der vielen Inseln Indonesiens. Bei uns ist es immer sehr warm und regnet viel. Deshalb können wir Reis anbauen.
Bei der Arbeit auf dem Feld helfen uns Wasserbüffel.
In unserem Dorf leben wir zusammen mit unseren Tieren in Hütten, die wir aus Bambusstäben bauen.
In Indonesien müssen allc Kinder zur Schule gehen und eine Schuluniform tragen. Oft ist der Weg zur Schule sehr weit.

Otto Dix: ohne Titel

Die Legende vom Ritter Georg

In Silena in Nordafrika lebten die Menschen in Furcht und Schrecken vor einem grässlichen Drachen, der vor den Toren der Stadt in einem Teich wohnte. Das Ungeheuer verwüstete ihre Äcker und Felder, stahl Schafe und Kühe von den Weiden und verpestete die Luft mit seinem giftigen Atem.

Als keine Tiere mehr vorhanden waren, musste man Menschen opfern. Jedes Mal wurde das Los geworfen. Eines Tages fiel das Los auf die Königstochter.

Die Königstochter verabschiedete sich weinend und trat zitternd vor das Tor der Stadt. Da kam der Ritter Georg dahergeritten. Er versprach, ihr zu helfen.

In diesem Augenblick kroch der Drache aus dem Teich heraus. Georg sprang auf sein Ross, machte das Kreuzzeichen, ritt gegen ihn und durchbohrte ihn mit seiner Lanze. Der Drache war schwer verwundet.

Nun sagte Georg zur Königstochter: „Nimm deinen Gürtel und wirf ihn dem Ungeheuer um den Hals.“ Sie tat es und der Drache folgte ihr nach wie ein zahmes Hündchen.

Als sie in die Stadt einzogen, flüchteten die Leute. Georg winkte sie aber herbei und sprach: „Fürchtet euch nicht, denn Gott hat mich zu euch gesandt. Darum lasst euch als Christen taufen, dann will ich diesen Drachen erschlagen.“ Da ließen sich der König und alles Volk mit ihm taufen, und Georg zog sein Schwert und erschlug den Drachen mit einem Hieb.

nach Jacobus de Voragine

Siegfrieds Drachenkampf

Siegfried, der Held, baute im Wald des schrecklichen Drachens Fafner einen Kohlenmeiler, um Holzkohlen für sein Schmiedefeuer zu brennen. Als er den Meiler gerade anzündete, schoss der Drache aus seiner Höhle. Fürchterlich war er anzusehen. Schwefelrauch quoll aus seinen Nüstern. Er hob seine gewaltigen Pranken, riss das Maul auf und stieß ein Fauchen und Grollen hervor.

Siegfried zerrte einen glühenden Baumstamm aus dem Meiler und rammte dem Drachen das Holz in den Schlund. Das Untier heulte vor Schmerz auf und verfolgte Siegfried. Der aber lief rund um den Meiler herum. Blind vor Wut wollte der Drache ihn packen. Er versuchte über den Meiler zu springen. Da stieß Siegfried noch einmal mit dem Baumstamm zu. Der Drache stürzte in das Feuer und verbrannte. Seine Hornhaut schmolz in der großen Hitze und quoll in breitem Strom aus dem Feuer heraus.

Ein kleiner Vogel begann zu zwitschern. Siegfried verstand, was er sang: „Tauch ein, tauch ein – ins Drachenblut. – Tut gut, tut gut. – Die Haut wird sein – so hart wie Stein, – so hart, so hart – wie Marmelstein.“ Da badete Siegfried im Blute des Drachen. Seine Haut wurde so undurchdringlich wie ein Drachenpanzer. Ein Lindenblatt aber war vom Baum gefallen und hatte sich zwischen Siegfrieds Schulterblätter gelegt. Diese Stelle konnte nicht von der Hornhaut überzogen werden. Sie blieb der einzig verwundbare Teil seines Leibes.

nacherzählt von Willi Fährmann

Die ganze Siegfried-Sage kannst du im Buch „Siegfried von Xanten“ von Willi Fährmann nachlesen.

Ragnar Lodbrok

König Herraud von Schweden hatte eine Tochter, die hatte er über alle Maßen lieb. Eines Tages brachten seine Männer einen jungen Lindwurm mit. Er schenkte ihn seiner Tochter, die ihn in eine Truhe aus Eschenholz setzte, in der sie ihr Geld und ihr Geschmeide aufbewahrte. Im selben Maße aber, in dem das Tier heranwuchs, vermehrte sich auch das Gold in der Truhe.

Bald aber war der Lindwurm zu einem riesigen Ungeheuer herangewachsen und er verschlang täglich einen Ochsen. Schließlich drohte er alle zu verschlingen, die ihm in die Nähe kamen, sei es Mensch oder Tier, und er versengte die Luft mit seinem feurig-giftigen Atem. Da versprach der König seine Tochter demjenigen zur Frau, der den Lindwurm überwinden könne.

Diese Kunde hörte Ragnar, des dänischen Königs Sohn. Er war schön, stark und kühn. Er ließ sich einen wollenen Mantel und Hosen aus dickem Filz machen. Als er zu Schiff nach Schweden kam, war es eisig kalt. Er ließ seine Kleider sich mit Wasser vollsaugen und in der Kälte steif frieren.

So gewappnet zog er der Königsburg zu. Bald schon gewahrte er den Lindwurm, der ihm entgegenzüngelte. Doch Ragnar stieß ihm mit seinem Speer eine so tiefe Wunde, dass das Untier sich im Todeskampfe wand. Es wollte ihm aber mit seinen fürchterlichen Zähnen die Glieder zerbeißen, allein es gelang ihm nicht, zu fest und hart waren Ragnars Kleider, kein Biss drang hindurch. Doch furchtbar tobte der Kampf, bis das Untier endlich tot war.

Da umarmte ihn König Herraud und nannte ihn Ragnar Lodbrok, das bedeutet Ragnar Lodenhose, und die Tochter des Königs von Schweden vermählte sich gerne mit diesem Helden.

Dänisches Märchen

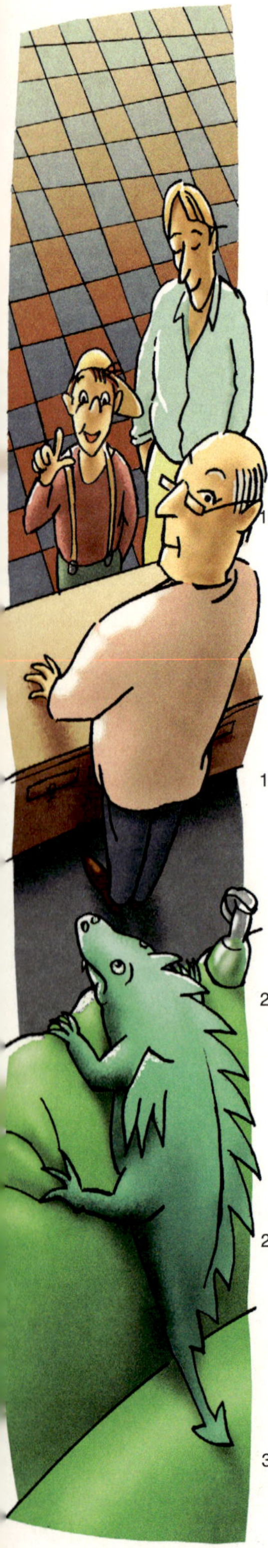

Der kurzsichtige Kunibert

Der kleine kurzsichtige Drache Kunibert hatte sich in die Großstadt verlaufen. Verfolgt von frechen Katzen und bedroht von quietschenden Autoreifen, gefiel es Kunibert ganz und gar nicht in der Großstadt. Da zog ihn ein wunderschönes Glockenspiel an. Es ertönte jedes Mal, wenn jemand die Tür zum Spielzeugladen öffnete. Kunibert kletterte an der Häuserfassade ein Stückchen hoch und sah durch das Schaufenster in den Laden. Dort entdeckte er in einem Regal eine große, grüne Luftmatratze, die geformt war wie ein Krokodil.

Die Luftmatratze hatte viel Ähnlichkeit mit Kuniberts Mutter. Sofort wollte Kunibert in das Geschäft. Aber er bekam die Tür nicht auf. Kunibert biss in den Holzrahmen, um der Tür Angst zu machen, aber das nützte überhaupt nichts.

Da näherte sich Herr Schmidt mit seinem Sohn Klaus. Herr Schmidt suchte ein Spielzeug für Klaus. Aufgeregt schlich sich Kunibert mit Herrn Schmidt ins Geschäft. Gleich versuchte Kunibert am Regal hochzuklettern, um zu der großen, grünen Luftmatratze zu kommen. „Hallo Mama! Bist du es?“, rief er. Aber die Luftmatratze schwieg. Kunibert arbeitete sich tapfer zu seiner Mutter hoch. „He! Mama! Ich bin’s! Dein Kuni!“ Endlich kam er bei der Krokodilluftmatratze an. „Du riechst aber komisch, Mama!“, sagte Kunibert.

Klaus sah Kunibert und rief Papa: „Papa, ich will keinen Kampfroboter mehr! Ich möchte den kleinen Drachen dort oben haben!“ Mit einem Satz sprang Kunibert auf seine Mutter. Die Männer konnten ihn jetzt nicht sehen. „Und deine Haut fühlt sich so merkwürdig an, Mama“, sagte Kunibert. „Hörst du, Papa, der kleine Drache kann sogar sprechen!“, rief Klaus. Der Verkäufer nickte. „Wir haben viel sprechendes Spielzeug, aber sprechende Drachen haben wir nicht.“

Wie zu Hause biss der kleine Drache Kunibert seine Mutter zärtlich in den Nacken. Aber seine Mutter seufzte nicht wohlig, wie sie es sonst tat. Sie sagte auch nicht: „Ach, mein kleiner Liebling, lass das doch!“ Stattdessen machte es: „Pfffhht!“

Ein scharfer Wind blies Kunibert um die Schlappohren. „Aus meiner Mutter saust Luft!“, schrie Kunibert ängstlich. Schon wurde die Mutter immer kleiner. Sie schrumpfte unter Kunibert zusammen. „Da, den kleinen Drachen möchte ich haben!“, rief Klaus. Vor Schreck stand Kunibert stocksteif.

Der Verkäufer nahm Kunibert aus dem Regal. „Dieses komische Spielzeug habe ich noch nie bei uns gesehen“, sagte er. „Ich bin kein Spielzeug! Ich bin ein Drache!“, stellte Kunibert klar. „Das Ding will ich haben!“, rief Klaus. „Funktioniert das mit Batterien?“, fragte Herr Schmidt.

Der Verkäufer drehte Kunibert um und untersuchte seinen Bauch. „Hier muss irgendwo ein Deckel sein. Darunter sind Tonband und Batterien.“ Auf der Suche nach dem Deckel kniff er Kunibert in den Bauch. Kunibert biss den Verkäufer in den Finger. Schreiend ließ der ihn los.

„Ich bin nicht zu kaufen!“, schrie Kunibert. „Ich gehöre mir selber!“ Dann rannte er unter den staunenden Blicken der anderen zur Tür. Gerade betrat ein neuer Kunde den Spielzeugladen. Kunibert entwischte durch seine Beine. Bevor sich die Tür mit wunderschönem Glockenspiel schloss, streckte Kunibert noch allen die Zunge heraus. „Bei euch in der Großstadt find ich's blöde!“, schimpfte er. „Ich geh' zurück ins Drachenland!“

Klaus-Peter Wolf

Lesetipps

Autor:	Titel:
Dugald A. Steer; Ernest Drake	Das geheime Buch der Drachenkunde
gelesen von:	**Meine Bewertung:**
Felicitas	*****(*) mit einem dicken Zusatzstern

Das ist ein richtiges Handbuch und erzählt ganz viel über verschiedene Drachen. Da werden viele Drachenarten und Drachensagen vorgestellt.
Das Buch hat ganz besonderes Papier, das fast wie altes Pergament aussieht. Das macht es ein bisschen geheimnisvoll. In den einzelnen Lektionen erfahrt ihr die Antworten auf Fragen wie „Warum horten Drachen gerne harte Steine?“, „Welche Frage muss man stellen, um einen Drachen zu überlisten, damit er sein Alter preisgibt?“, „Wie brüte ich ein Drachenei aus?“oder „Was muss ich tun, wenn ein Drachenbaby Halsschmerzen hat?“. Zum Schluss fühlt sich der Leser wie ein ausgebildeter Drachologe. Beim Lesen muss man immer gut mitdenken, aber genau das hat mir viel Spaß gemacht. Ich blättere jetzt noch oft in dem Buch herum. Die Bilder sind richtig toll und ich entdecke dabei immer wieder etwas Neues. Dieses Buch werde ich nie verleihen.

Autor:	Titel:
Dagmar H. Mueller	Der Hüter der Drachensteine
gelesen von:	**Meine Bewertung:**
Felicitas	***** (höchste Punktzahl!)

Drei Geschwister sind die Helden der Geschichte. Sie werden während eines langweiligen Urlaubs in Norwegen durch ein Unwetter von ihren Eltern getrennt und retten sich dabei in eine Höhle. Als sie auf der anderen Seite des Berges wieder rauskommen, sind sie plötzlich in einer fremden Welt. Die Sonne scheint und alles sieht dort ganz anders aus. Sie treffen wilde Wikinger und riesige Drachen. Langsam begreifen sie, dass sie in diesem Land eine Zeitreise in die Vergangenheit gemacht haben. Wie sollen sie in ihre eigene Welt zurückkommen und ihre Eltern wiederfinden?
Die Kinder fragen sich, ob der merkwürdige Mann eine Rolle spielt, den sie am Vortag mit ihren Eltern auf dem Marktplatz getroffen hatten. Er hatte den Kindern „Drachensteine“ geschenkt.
Passiert deswegen so viel?
Die Auflösung der Geschichte ist besonders überraschend und hat ganz viel mit den Drachensteinen zu tun. Das war für mich ein Superbuch, richtig spannend. So eine Reise würde ich auch gern mal machen.

Die Drachen der „verwunschenen Inseln“

Auf den Galapagos-Inseln gibt es heute noch Tiere, die wie Drachen aussehen. Vor Millionen von Jahren gab es viele solche Tiere, die dann vielleicht die Ursache für die Drachensagen wurden.

Meerechsen

Der Lebensraum der *Meerechse* ist die felsige Küste. Dort liegen oft Hunderte der dunklen, manchmal rot und grün gefleckten Tiere auf schwarzem Vulkangestein und lassen sich von der Sonne wärmen. Alle Echsen benötigen die Sonnenwärme, denn ohne sie kühlt ihr Körper rasch aus. Die Meerechse geht zur Nahrungssuche ins Meer – das ist für eine Echse einmalig auf der Welt! Sie frisst, genau wie ihr Urahn, fast nur Pflanzen, aber eben Meerespflanzen wie Tang und Algen. Um diese zu finden, kann die Meerechse über 10 Meter tief und fast eine Stunde lang tauchen. Damit sie nicht wie ein Korken einfach wieder nach oben schwimmt, frisst sie Steine, die ihr Gewicht vergrößern.

Der *Drusenkopf* – er wird auch Landleguan genannt – ist ein Landtier, wie fast alle Echsen. Auch sein Urahn, der Grüne Leguan, lebte an Land. Der Drusenkopf frisst überwiegend Pflanzen – aber was für welche! Auf den wüstenhaften Vulkaninseln gibt es kaum zarte Kräuter. Seine Nahrung sind stachelige Blätter und Früchte eines kaktusähnlichen Gewächses. Die spitzen Stacheln bleiben oft im Gaumen oder in der Zunge stecken, aber das scheint dem Drusenkopf nicht viel auszumachen.

Drusenkopf

Drachenfeuer

Schreckliche Sachen
machten die Drachen.
Spien Feuer,
die Ungeheuer.
Hätten wir sie nicht ausgerottet,
in Märchen und Sagen eingemottet,
sondern gezähmt und versöhnt
und an Menschen gewöhnt,
dann wären sie heute recht angenehm
als umweltfreundliches Heizsystem.

Willi Fährmann

In Tierlexika findest du Sachtexte wie oben auch über andere Tiere.

Robert Delaunay: Rhythmus, Lebensfreude

Das neue Jahr

Wissen möcht man unbedingt,
was das neue Jahr uns bringt.
Wart ein bisschen! Hinterher
weißt du mit Bestimmtheit mehr.
Hoffentlich erfüllt das Jahr
jeden Wunsch, der wichtig war!

unbekannter Verfasser

Vom Frühling zum Winter

Vom Frühling zum Sommer,
vom Sommer zum Herbst,
vom Herbst zum Winter,
da braucht es viel Zeit.

Ganz langsam werden
die Blumen bunt.
Ganz langsam werden
die Birnen süß.
Ganz langsam fallen
die Blätter ab.
Ganz langsam kommt
über die Berge der Schnee.

Elisabeth Borchers

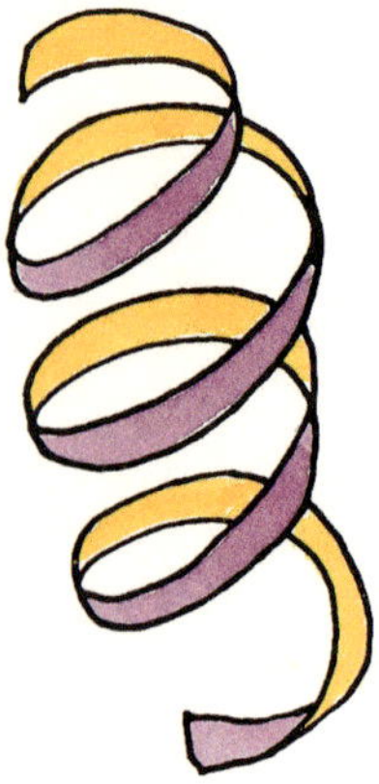

Fasching zu meiner Zeit

Die Faschingszeit war für uns die höchste Freud! Als kleiner Bub kam ich in dieser Zeit aus dem Kasperlgwand kaum raus. Am liebsten wäre ich damit auch noch ins Bett gegangen. Vom Faschingssamstag bis zum Faschingsdienstag lief ich überhaupt nur noch als Kasperl rum. Manchmal vergaß ich sogar, zum Mittagessen heimzugehen. Da genügte mir schon ein Krapfen, den ich geschenkt bekam. In der Belgradstraße war am meisten los. Da formierte sich ein großer Umzug mit lauter Masken. Voraus immer ein komisch zerlumptes Paar, das den Zug anführte. Luftschlangen und Konfetti wurden in großer Menge aus den Fenstern geworfen. Mein papierener Kasperlhut war gleich zerfetzt, auch meine Pretschen waren bald zerhaut, so wild wurde zugeschlagen.

Lustig ist die Fasenacht,
wenn mei Muatta Küachl macht,
wenn sie aber koane macht,
pfeif i auf die Fasenacht.

So hieß ein Faschingsspruch. Die Mama hat aber immer Küachl gemacht, es waren Apfelküachl, also war's immer lustig.

Alois Wagner

Ein großer Teich war zugefroren

Ein großer Teich war zugefroren.
Die Fröschlein, in der Tiefe verloren,
durften nicht ferner quaken noch springen,
versprachen sich aber im halben Traum:
Fänden sie nur da oben Raum,
wie Nachtigallen wollten sie singen.
Der Tauwind kam, das Eis zerschmolz;
nun ruderten sie und landeten stolz
und saßen am Ufer weit und breit
und quakten wie vor alter Zeit.

Johann Wolfgang von Goethe

Ostern

Was ist Ostern?
Ostern ist ein Frühlingsfest. Gleichzeitig ist es das älteste und wichtigste christliche Fest. Seit 325 n. Chr. wird zu Ostern die Auferstehung Jesu Christi gefeiert. Der Name Ostern kommt von dem Wort „Ostera". Das ist der Name einer germanischen Frühlingsgöttin.

Das Osterei
Warum schenkt man sich zu Ostern Eier? Vielleicht, weil das Ei schon immer ein Symbol für alles Werdende war: Aus einem Ei kann neues Leben entstehen. Früher mussten die Christen vor Ostern streng fasten. Erst zu Ostern durften wieder Eier gegessen werden. Sie wurden bunt bemalt zur Feier des Tages.

Der Osterhase
Die Geschichte vom Osterhasen, der Eier legt und sie versteckt, wurde vor etwa 300 Jahren in Südwestdeutschland erzählt. Wie die Geschichte entstand, weiß heute niemand mehr. Keiner hatte je ein Huhn gesehen, das bunte Eier legt. Also musste es wohl ein anderes Tier gewesen sein. Daher erzählten die Erwachsenen eine geheimnisvolle Geschichte vom Osterhasen, der als Symbol der Fruchtbarkeit galt.

Ostern anderswo

In Schweden ziehen als Hexen verkleidete Kinder von Haus zu Haus und bitten um Süßigkeiten.
In Italien und Spanien geht es sehr ruhig und festlich zu.
In Polen gibt es ein riesiges Feuerwerk. Am Ostermorgen begießen sich die Menschen mit Wasser, das soll Glück und Segen bringen.
Für die Griechen ist Ostern das wichtigste und auch das fröhlichste Fest. Am Gründonnerstag – nach einer langen Fastenzeit – wird auf dem Lämmermarkt ein Osterlamm ausgesucht, mit bunten Bändern geschmückt und mit nach Hause genommen. Die Mutter backt dann die Osterkuchen und färbt die Eier rot. Es gibt nur rote Eier in Griechenland.

Frühlings-Elfchen

April
Lustiger Scherz
Sonne und Regen
Der Frühling wacht auf
Vorfreude

Osterferien
Lang ersehnt
Im Gras liegen
Wolken ziehen am Himmel
Herrlich

Blütenduft
Blumen wachsen
Wiesen leuchten bunt
Einen großen Strauß pflücken
Wunderschön

Mai
Vögel zwitschern
Es wird wärmer
Der Sommer steht bevor
Endlich

Muttertag
Früh aufstehen
Den Kaffeetisch decken
Dich nie mehr ärgern
Versprochen

Susan Krull

Zum Muttertag,

zum Muttertag
sag ich dir, dass ich dich mag,
sag ich dir, dass ich dich brauch.
Und den Papa auch!

Georg Bydlinski

Liebe Mama

Ich mag's nicht,
wenn ich was aufsagen muss.
Mein Gedicht
ist ein Kuss.

Georg Bydlinski

Muttertag

Von allen Müttern auf der Welt
ist keine, die mir so gefällt
wie meine Mutter, wenn sie lacht
und wenn sie mir die Tür aufmacht.
Auch wenn sie aus dem Fenster winkt
und mit mir rodelt, mit mir singt,
wenn sie auf meinem Bettrand sitzt,
solang es donnert oder blitzt,
und wenn sie sich mit mir versöhnt,
bei einer Krankheit mich verwöhnt –
ja, was sie überhaupt auch tut,
ich mag sie immer, bin ihr gut,
und hin und wieder wundert's mich,
dass wir uns fanden, sie und ich.

Rosemarie Neie

Das Gewitter

Hinter dem Schlossberg kroch es herauf:
Wolken – Wolken!
Wie graue Mäuse,
ein ganzes Gewusel.

Zuhauf
jagten die Wolken gegen die Stadt.
Und wurden groß
und glichen Riesen
und Elefanten
und dicken, finsteren Ungeheuern,
wie sie noch niemand gesehen hat.

„Gleich geht es los!“,
sagten im Kaufhaus Dronten
drei Tanten
und rannten heim,
so schnell sie konnten.

Da fuhr ein Blitz
mit helllichtem Schein,
zickzack,
blitzschnell
in einen Alleebaum hinein.
Und ein Donner schmetterte hinterdrein,
als würden dreißig Drachen
auf Kommando lachen,
um die Welt zu erschrecken.
Alle Katzen in der Stadt
verkrochen sich
in die allerhintersten Stubenecken.

Doch jetzt ging ein Platzregen nieder!
Die Stadt war überall
nur noch ein einziger Wasserfall.
Wildbäche waren die Gassen.

Plötzlich war alles vorüber,
die Sonne kam wieder
und blickte vergnügt
auf die Dächer, die nassen.

Josef Guggenmos

Sommer

Der Sommer
is komma!
Im Korn drin leucht' schon
brinnrot der Mohn.
Schwaa hängen de Ähr'n.
's werd boid zeitig werd'n.

Laufkäfer leucht'n
drunt im taufeucht'n
Riedgros im Moor.
Im blaugreana Flor
flitzen de hell'n,
schlank'n Libell'n.

Und d' Sommersonn' sticht
ois flimmert im Licht.
Unter der Lind'n
de Kiiah Schatt'n find'n.
Wia's doo summt und duft't
nach Sommerluft!

Hanna Walther

Si, si, sehr glücklich

Familie Kahl will ihre Ferien auf einem Campingplatz an der Adria in Italien verbringen.
Nach langer Fahrt kommen sie endlich an. Basti und Gitte stürmen aus dem Auto ans Meer. Sie können nur noch staunen. Am liebsten würden sie sofort in die Badesachen springen.
Aber zuerst muss das Zelt aufgebaut werden und da müssen alle mithelfen. Der Platzwart zeigt ihnen den Platz, der für Familie Kahl gebucht ist. Alles klappt wunderbar.
Zum Schluss müssen nur noch die Luftmatratzen aufgeblasen werden. Das macht Basti, Ehrensache! Aber es funktioniert nicht. „So ein Mist!“, schimpft er. Da kommt ein Junge aus einem anderen Zelt herbei. Er spricht mit Basti. Aber der versteht kein Wort. „Rino, Rino“, so heißt der Junge wohl.
Zuletzt hält Basti ihm die Luftpumpe hin, zeigt auf sich und sagt: „Basti, Basti!“ „Si, si, Basti“, ruft Rino und probiert nun die Luftpumpe. Aber es ist ihr kein Geräusch zu entlocken.
Schon eilt ein weiterer Junge herbei: „Can I help you? My name is James.“ Er bringt gleich eine andere Luftpumpe mit.
Und, o Wunder, die Matratze füllt sich mit Luft. Aber sie wird trotzdem nicht stramm. Basti kann tiefe Dellen hineindrücken. „Das klappt immer noch nicht“, ruft er.
Aber Rino und James schauen ihn verständnislos an.

„Ach ja," denkt Basti, „die verstehen mich ja gar nicht, doof! So müssen sich die ausländischen Kinder fühlen, wenn sie zu uns nach Deutschland kommen und nichts verstehen." Gott sei Dank, da kommt der Vater vom Auto zurück. Er sieht sich die Matratze an und entdeckt sofort einen Nagel darin. „Oh!", ruft James. „Oh!", ruft Rino. „Oh!", ruft Basti. Endlich ein Wort, das international ist, das alle verstehen. Am Ende der Ferien verabschiedet sich Basti von seinen neuen Freunden: „Io sono sehr glücklich dear James, caro Rino, si, si!"

Hermine König

Kleine Übersetzungshilfe für die Ferien

deutsch	englisch	italienisch
Guten Morgen!	Good morning!	Buongiorno!
Wie geht es dir?	How are you?	Come stai?
Sehr gut!	Fine!	Molto bene!
Bitte!/Danke!	Please!/Thank you!	Per favore!/Grazie!
Ich weiß nicht.	I don't know.	Non so.
Entschuldigung!	Sorry!	Scusi!
ja/nein	yes/no	si/no
Hallo!/Tschüss!	Hi!/bye, bye!	Ciao!
Bis morgen!	See you tomorrow!	A domani!

Der Herbst steht auf der Leiter

Der Herbst steht auf der Leiter
und malt die Blätter an,
ein lustiger Waldarbeiter,
ein froher Malersmann.

Er kleckst und pinselt fleißig
auf jedes Blattgewächs
und kommt ein frecher Zeisig,
schwupp, kriegt der auch 'nen Klecks.

Die Tanne spricht zum Herbste:
Das ist ja fürchterlich,
die andern Bäume färbste,
was färbste nicht mal mich?

Die Blättern flattern munter
und finden sich so schön.
sie werden immer bunter.
Am Ende fall'n sie runter.

Peter Hacks

Martinchen

Es war wie jedes Jahr, irgendwann im September sprach Vater den üblichen Satz:

„Kinder“, sagte er mit einem verzückten Lächeln, „wie freue ich mich jetzt schon auf die Martinsgans!“

Die Zwillinge Marie und Lea waren natürlich auch begeistert. Sie bekamen immer die beiden Schenkel.

„Wir könnten doch eine Gans vom Bauernhof kaufen“, schlug Lea vor.

Am nächsten Wochenende fuhren sie alle zum Gänsehof. In einem Gehege watschelten mindestens hundert Gänse und schnatterten um die Wette. Eine Frau fütterte sie gerade.

„Würden Sie uns eine Gans für Sankt Martin verkaufen?“, fragte Vater. „Sicher, gern. Sie können auch schon jetzt eine aussuchen, wenn Sie wollen“, antwortete die Landwirtin.

„Ja, warum nicht?“, meinte Vater. „Wir würden sie auch gleich bezahlen, aber sie bleibt dann bei Ihnen. Zur Untermiete – bis zum Martinstag.“

„Können wir machen“, schmunzelte die Frau.

„Welche soll's denn sein?“

Die Wahl war schnell getroffen und in den nächsten Wochen besuchten die Kinder regelmäßig ihre Martinsgans. Sie trug ein grünes Band um den linken Fuß und die beiden warfen ihr selbst gepflückte Kräuter zu.

Eines Tages behauptete Marie felsenfest, dass die Gans schon auf „Martinchen“ hört.

Sankt Martin rückte näher.

„Martinchen wächst und gedeiht prächtig!“, sagte Vater stolz, als sie wieder einmal vor dem Gehege standen. „Eigentlich richtig schade, wenn wir sie ...“

Alle standen traurig da und dachten das Gleiche: ...

Felix E. Emminger

Das Gewicht der Schneeflocke

„Es schneit“, sagte der Wolf. „Was du nicht sagst, Gevatter“, brummte der Bär. „Mehr als tausend Schneeflocken“, sagte der Fuchs, „aber auf meinem Pelz spüre ich sie überhaupt nicht!“ „Sie schmelzen auf meiner Hasennase“, sagte der Hase und dann fügte er noch nachdenklich hinzu: „Man spürt sie nicht. Doch sie haben ein Gewicht!“

„Eine Schneeflocke wiegt weniger als nichts“, knurrte der Wolf. „Und sie hat keine Kraft“, brummte der Bär. „Aber sie wiegt doch etwas und sie hat auch Kraft“, sagte der Hase.

Die Tiere gerieten in Streit, ob eine Schneeflocke etwas wiegt oder nicht. „Wir wollen die Schneeflocken zählen, die da auf den alten, dicken Ast fallen“, sagte der Hase. „Da wird man ja sehen, ob eine Schneeflocke Gewicht hat.“

Der Bär und der Wolf lachten so laut, dass es durch den ganzen Wald schallte. Aber weil sie gerade nichts Besseres zu tun hatten, zählten sie mit: Eins ... zwei ... drei ... vier ... fünf ... sechs ... sieben ... Als sie bei zweitausendachthundertsiebenundsechzig angekommen waren, machte es plötzlich „Krach“ und der dicke, mächtige Ast brach ab.

„Der Hase hat Recht“, knurrte der Wolf, und sogar der Bär wunderte sich über die Kraft der Schneeflocken.

Fredrik Vahle

Schneezauber

Schneeverhangen die Tannen,
brechend unter der Wucht.
Nebel spinnen und spannen
sich um Pfade und Schlucht.

Knackt ein Ast nur zuzeiten,
fern ein Vogelruf schallt,
sonst kein Laut in den Weiten,
im verzauberten Wald.

Lulu von Strauß und Torney

Winterzeit

Übrall leidt alls voller Schnea,
d' Wiese, sonscht so frisch und grea,
hand sich jetz dr Rueh verschriebe,
Berg und Tal sind tief verschniebe.

Dussa herrscht a heilge Rueh,
's Wild kommt mea auf d' Häuser zue,
d' Vögela, die muntre Koge,
sind fascht all in Süde g'floge.

Alls ischt sauber und so frisch,
dass a Fred zum Luege isch,
jedes Bäumle hot a Leible,
jeder Pfahl a nobls Häuble.

Knischtre duets voer Kälte rauh,
und dr Himmel ischt so blau,
schtill im winterliche Reige
siehscht vom Bach de Dunscht aufschteige.

Albert Guggemos

WAS MEINST DU DAZU?

Pedro Tayó: Gesicht voller Möglichkeiten

Ich will euch erzählen

Ich will euch erzählen
von meinen sieben Seelen.
Die erste ist fleißig,
die zweite ist faul,
die dritte will reden,
die vierte hält's Maul.
Die fünfte ist feige,
die sechste hat Mut,
die siebente mahnt sie:
„Nun vertragt euch mal gut!"
Meine sieben Seelen sind so verschieden
wie du und ich.
Und doch ergeben sie zusammen
mich.

Roswitha Fröhlich

Freunde

„Wohin willst du?“, fragte der Vater. Benjamin hielt die Türklinke fest. „Raus“, sagte er. „Wohin raus?“, fragte der Vater. „Na so“, sagte Benjamin. „Und mit wem?“, fragte der Vater. „Och ...“, sagte Benjamin. „Um es klar auszusprechen“, sagte der Vater, „ich will nicht, dass du mit diesem Josef rumziehst!“ „Warum?“, fragte Benjamin. „Weil er nicht gut für dich ist“, sagte der Vater. Benjamin sah den Vater an.

„Du weißt doch selber, dass dieser Josef ein ... na, sagen wir, ein geistig zurückgebliebenes Kind ist“, sagte der Vater. „Der Josef ist aber in Ordnung“, sagte Benjamin. „Möglich“, sagte der Vater. „Aber was kannst du schon von ihm lernen?“ „Ich will doch gar nichts von ihm lernen“, sagte Benjamin. „Man sollte von jedem, mit dem man umgeht, etwas lernen können“, sagte der Vater. Benjamin ließ die Türklinke los. „Ich lerne von ihm, Schiffchen aus Papier zu falten“, sagte er. „Das konntest du mit vier Jahren schon“, sagte der Vater. „Ich hatte es aber wieder vergessen“, sagte Benjamin.

„Und sonst“, fragte der Vater. „Was macht ihr sonst?“ „Wir laufen rum“, sagte Benjamin, „sehen uns alles an und so.“ „Kannst du das nicht mit einem anderen Kind zusammen tun?“ „Doch“, sagte Benjamin. „Aber der Josef sieht mehr“, sagte er dann. „Was?“, fragte der Vater. „Was sieht der Josef?“ „So Zeugs“, sagte Benjamin. „Blätter und so. Steine. Ganz tolle. Und er weiß, wo Katzen sind. Und die kommen, wenn er ruft.“ „Hm“, sagte der Vater. „Pass mal auf“, sagte er. „Es ist im Leben wichtig, dass man sich immer nach oben orientiert.“ „Was heißt das“, fragte Benjamin, „sich nach oben orientieren?“ „Das heißt, dass man sich Freunde suchen soll, zu denen man aufblicken kann. Freunde, von denen man etwas lernen kann. Weil sie vielleicht ein bisschen klüger sind als man selber.“ Benjamin blieb lange still. „Aber“, sagte er endlich. „Wenn du meinst, dass Josef dümmer ist als ich, dann ist es doch gut für den Josef, dass er mich hat, nicht wahr?“

Gina Ruck-Pauquèt

Nur eine Hälfte

Philipp und Talat haben den ganzen Nachmittag zusammen gespielt. Jetzt wird es draußen langsam dunkel und ein dichter Nebel liegt über dem Dorf. Alles sieht unheimlich und gespenstisch aus.
Philipp bleibt an der Haustür stehen. „Was ist?“, fragt Talat. Philipp antwortet nicht.
Da nimmt Talat seinen Freund an der Hand. „Komm, ich gehe mit dir.“ „Aber … aber … dann musst du ja allein wieder zurück“, stottert Philipp. Talat zieht die Schultern hoch. „Hast du denn keine Angst?“, flüstert Philipp. „Doch!“ Talat nickt. Eine Weile stehen die beiden Jungen schweigend nebeneinander.
„Weißt du was?“, sagt Talat plötzlich. „Ich gehe bis zur Hälfte mit dir. Dann muss jeder nur noch eine Hälfte allein gehen.“
Philipp drückt Talats Hand ein wenig fester. „Das schaffen wir.“

Manfred Mai

Ich bin so mutig

Ich bin so mutig wie ein Stier
am Nachmittag um vier
und prahl mit meinen Taten
im Hof und auch im Garten.
Doch bricht die dunkle Nacht herein,
dann will ich schnell zu Hause sein.

Angela Sommer-Bodenburg

Die Buntstifte

Charles M. Schulz

Die Turnschuhe

Elfjähriger als Erpresser

Einen ungewöhnlichen Einfall, sein Taschengeld aufzubessern, hatte ein Elfjähriger in der vergangenen Woche. Vor seiner Schule in der Nordstadt forderte er einen achtjährigen Mitschüler auf, ihm fünf Euro zu besorgen. Sollte er dies nicht tun, würde er Prügel bekommen. Der Achtjährige vertraute sich seinen Eltern an, die bei der Polizei Anzeige erstatteten.

Der Elfjährige ist zwar noch nicht strafmündig, das Jugendamt wird aber informiert und verfolgt den Fall weiter. Die Polizei rät, auch bei Kindern oder Jugendlichen als Täter, stets zu einer Anzeige.

Das große und das kleine NEIN

Das kleine NEIN sitzt auf einer Bank im Park und isst Schokolade. Da kommt eine große dicke Frau und fragt: „Darf ich mich zu dir setzen?“ Das kleine NEIN flüstert leise: „Nein, ich möchte lieber allein sein.“ Die große dicke Frau hört gar nicht hin und setzt sich auf die Bank.

Da kommt ein Junge angerannt und fragt: „Darf ich deine Schokolade haben?“ Das kleine NEIN flüstert: „Nein, ich möchte sie gern selbst essen.“ Aber auch der Junge hört nicht, nimmt dem kleinen NEIN die Schokolade weg und beginnt zu essen. Da kommt ein Mann vorbei, den das kleine NEIN schon oft im Park gesehen hat, und sagt: „Hallo, Kleine. Du siehst nett aus, darf ich dir einen Kuss geben?“ Das kleine NEIN flüstert zum dritten Mal: „Nein, ich will keinen Kuss.“ Aber auch der Mann scheint nicht zu verstehen und geht auf das kleine NEIN zu.

Nun verliert das kleine NEIN aber die Geduld. Es steht auf, reckt sich in die Höhe und schreit aus vollem Hals: „NEIIN!“ Und nochmal: „NEIN, NEIN, NEIN! Ich will allein auf meiner Bank sitzen, ich will meine Schokolade selbst essen und ich will nicht geküsst werden. Lasst mich sofort in Ruhe!“

Die große dicke Frau, der Junge und der Mann machen große Augen: „Warum hast du das nicht gleich gesagt?“ und gehen weiter ihrer Wege.

Und wer sitzt jetzt auf der Bank? Nicht ein kleines, sondern ein großes NEIN. Es ist stark und laut und denkt: „So ist das also. Wenn man immer leise und schüchtern nein sagt, hören die Leute nicht hin. Man muss schon laut und deutlich nein sagen.“ Aus dem kleinen NEIN ist ein großes NEIN geworden.

Gisela Braun

Ein Schnurps grübelt

Also, es war einmal eine Zeit,
da war ich noch gar nicht da. –
Da gab es schon Kinder, Häuser und Leut'
und auch Papa und Mama,
jeden für sich –
bloß ohne mich!

Ich kann mir's nicht denken. Das war gar nicht so.
Wo war ich denn, eh es mich gab?
Ich glaub, ich war einfach anderswo,
nur, dass ich's vergessen hab',
weil die Erinnerung daran verschwimmt. –
Ja, so war's bestimmt!

Und einmal, das sagte der Vater heut,
ist jeder Mensch nicht mehr hier.
Alles gibt's noch: Kinder, Häuser und Leut',
auch die Sachen und Kleider von mir.
Das bleibt dann für sich –
bloß ohne mich.

Aber ist man dann weg? Ist man einfach fort?
Nein, man geht nur woanders hin.
Ich glaube, ich bin dann halt wieder dort,
wo ich vorher gewesen bin.
Das fällt mir dann bestimmt wieder ein.
Ja, so wird es sein!

Michael Ende

Bulle rennt um sein Leben

Bulle rennt um sein Leben! Er hörte die Feinde hinter sich johlen. Und sie kamen näher. Bulle keuchte. Er spürte ein Stechen in der Seite, als ob ihm jemand ein Messer in den Leib rammen würde. Er konnte nicht mehr. Am liebsten hätte sich Bulle ins Gras geworfen und wäre liegen geblieben. Aber dann würden sie Hackfleisch aus ihm machen, das wusste er. Also rannte er weiter.

„Ich muss bis zu den Häusern kommen!“, hämmerte es in Bulles Kopf. „Ich muss bis zu den Häusern kommen!“

„Gleich haben wir ihn!“, schrie es hinter ihm.

Bulle hörte schon das Hecheln seiner Verfolger. Sie waren ihm dicht auf den Fersen. Aber er erreichte das Dorf. Im Garten des zweiten Hauses arbeitete Lisas Mutter. Das war die Rettung. Bulle hechtete mit letzter Kraft über den Zaun und landete im Gemüsebeet.

„Huch!“, rief Lisas Mutter erschrocken. „Was ist denn das?“

Bulle hob den Kopf und spuckte Erde aus.

„Ach, du bist das“, sagte Lisas Mutter, als sie Bulle erkannte. „Willst du etwa fliegen lernen?“

„Die … die … die …“, stammelte Bulle. Mehr brachte er noch nicht heraus.

Lisas Mutter sah Bulles Verfolger vor dem Garten. Sie waren genauso ausgepumpt wie Bulle.

„Dich … dich … kriegen wir noch“, brummte Benni.

„Sechs gegen einen“, sagte Lisas Mutter. „Findet ihr das nicht ein bisschen unfair?“

„Einzeln … einzeln haben die … die doch die Hosen voll“, nuschelte Bulle.

„Genau“, sagte Lisa, die eben aus dem Haus kam. „Weil alle Obermellauer Feiglinge sind. Die trauen sich doch nur, wenn sie einen von uns allein erwischen.“

„Du brauchst keine Angst zu haben“, sagte Benni zu Lisa. „Wir schlagen nämlich keine kleinen Mädchen.“

„Und wir keine kleinen Bübchen“, gab Lisa zurück.

„Ihr sollt euch überhaupt nicht schlagen“, sagte Lisas Mutter. Lisa zog Bulle hoch. Dann gingen die beiden ins Haus. Von drinnen beobachteten sie, wie die Obermellauer abzogen. Lisa wollte wissen, warum sie Bulle verfolgt hatten.

„Keine Ahnung“, antwortete Bulle. „Ich war an der Mellau und wollte mein neues Boot schwimmen lassen. Da kamen sie plötzlich über die Brücke gerannt.“

„Und du hast nichts getan?“, fragte Lisa. „Keinen verprügelt oder so?“

„Leider nicht“, brummte Bulle. „Aber wenn ich einen von denen erwische, dann …“ Bulle ballte die Faust.

Lisa tippte sich an die Stirn. „Du willst immer nur zuschlagen.“

„Das tun die doch auch.“

Manfred Mai

Warum die Obermellauer Bulle verfolgt haben und wie es weiterging, kannst du in dem Buch von Manfred Mai „Die Tigerbande“ nachlesen.

Joan Miró: In einem Zimmer

Ein Krosch und eine Fröte

Ein Krosch und eine Fröte
waren gestern bei mir,
spielten Flavier und Klöte
von drei bis fünf nach vier,
wir aßen Kurst und Wäse
und tranken Tilch und Mee,
dann gingen wir noch schwimmen
in den Sade-Bee!

Ein Kau und eine Pfatze
gesellten sich dazu,
ein Glann mit einer Matze
und auch ein Ränguku,
wir spielten Huchs und Fenne
und sangen „Klänschen hein“,
dann tanzte ich Lambada
mit einem Schwachelstein!

Der Krosch und diese Fröte,
die lachten laut „helau!“,
das Ränguku, die Pfatze,
der Glann und auch der Kau,
es war die tollste Party,
ein riesiges Hallo,
nur ich – ich zieh seit Stunden
die Pacheln aus dem Sto!

Walter Müller

Zungenkrank

Mutti, Mutti!
Ja, was ist denn, mein Junge?
Ich hab einen Fehler an meiner Zunge.
Wie war das bitte, was sagtest du?
Meine Zange ist krunk, sie macht a zu u.
Das ist wirklich seltsam, das war noch nie da!
Es kommt noch viel schlimmer, aus u macht sie a.
Du sagst deine Zange und meinst deine Zunge?
Ju, ju, liebe Mummu, mir ist schon gunz bunge.
Jetzt sagtest du bunge, meinst du denn bange?
Nutürlich, dus liegt un der krunken Zange!
Na, das ist ja komisch, sag noch einmal was!
Upfel, Bunune, Sulut and Nass.
Bei nass merkt man aber die Krankheit kaum.
Uch Mummu, ich meine die Nass auf dem Baum,
nicht nuss wie der Schwumm and die Budewunne.
Ich meine nicht nuss wie die Kuffeekunne.
Ach, nass ist nuss und Nuss ist Nass?
Ja, jetzt verstehe ich den Spaß.
Mein lieber Junge, ich sage es
ehrlich, ich glaube, die Krankheit
ist gar nicht gefährlich.
Da masst nar einen Upfel
essen, dunn ist der Ansinn
schnell vergessen!

Wilhelm Topsch

Kleine Turnübung

Aufgezwackt und hingemotzt,
angezwickt und abgestotzt,
jetzt die Kipfe auf die Bliesen,
langsam butzen, tapfen, schniesen,
dreimal schwupf dich,
knitz dich,
lüpf,
siehstewoll – da flatzt der Büpf!

Hans Adolf Halbey

Purer Unsinn

Der Schlampelkukuz
ist halb so blau
wie ein Pflamperdiklau,
genauso groß
wie ein Strimpelchenkloß,
gut doppelt so dick
wie ein Schwachtelpraschlick,
dünner jedoch
als ein Knickerschlamus.
So, nun weißt du's!

Hans Manz

Auf bayerischen Flussfloßflüssen

Fischer, die als Floßfahrer
mit Flussflößen auf Floßflüssen fahren,
sind fischende Floßflussflussfloßfahrer.
Wenn die fischenden Floßflussflussfloßfahrer
aus den Floßflüssen Fische fischen,
sind's nicht Floßfische, auch nicht bloß Fische,
es sind Floßflussfische,
es sind Flossenfische,
es sind Floßflussflossenfische.

unbekannter Verfasser

Abrakadabra

Buchstaben werden jetzt verdreht,
vertauscht, von hier nach da geweht:

Aus HERD wird DREH,
aus EKEL KLEE.
Der SCHAL wird LASCH,
die SCHAR wird RASCH,
aus TRAB wird BART,
der ARZT wird ZART.
Der STAB wird BAST,
wer STANK im KNAST?
Im GRAS ist der SARG verborgen,
das LEBEN im NEBEL macht Sorgen.
ELISE versteckt sich in LEISE,
der RIESE geht gern auf die REISE.
Die REHE bilden ein HEER,
die laublose ERLE ist LEER,
ein EMIL steckt im LEIM,
ein EMIR lauert im REIM.

Irmela Brender

Buchstabensuppe

Heute durfte Uwe kochen. Er hat seine allerliebste Lieblingssuppe gemacht: Buchstabensuppe.
Uwe und sein Vater sitzen am Tisch und löffeln die Suppe. Jeder fischt seinen Lieblingsbuchstaben heraus und verschlingt ihn zuerst ...

„Wie has🫖 du eigen🫖lich die Suppe gemach🫖? Sie schmeck🫖 kös🫖lich!"
„Zuerst mache ich i🫖 ei🫖em Topf ei🫖ei🫖halb Liter Wasser heiß.
Da🫖🫖 gebe ich zwei i🫖 ei🫖er Tasse Wasser aufgelöste Suppe🫖würfel hi🫖ei🫖."
„Wo has🫖 du die Buchs🫖aben her?"
„Warte 🫖ur! Ich suche mir 🫖u🫖 das spa🫖🫖e🫖dste Buch aus mei🫖em Bücherschra🫖k u🫖d ..."
„... Und dann?"
„Da🫖🫖 halte ich mei🫖 Buch über de🫖 Topf u🫖d klopfe vorsichtig auf de🫖 Buchdeckel ..."
„... bis alle Buchs🫖aben in der Suppe schwimmen?"
„Ge🫖au. Umrühre🫖 u🫖d scho🫖 ist die Liebli🫖gssuppe fertig!"
„Na dann: Gu🫖en Appe🫖i🫖!"

Der Benno sagte doch neulich: „Anne hat mich sehr dick –" „Nie!" unterbrach ihn sofort seine Mutter. „Niemals!" fiel ihm sein Vater ins Wort. „Das kann doch nicht sein!", beruhigte ihn seine Schwester heftig. „Anne hat mich sehr dick lieb, wollte ich sagen!", sagte Benno.

„Alle Sterne", sagte Frau Weise, „haben den Begleiter der."
„Einfach!", sagten die Kinder. „Es heißt der Abendstern", erklärte der kluge Klaus.
„Und der Morgenstern!" „Und der Fixstern", fand die clevere Claudia heraus.
„Aber es heißt doch eigentlich die Zwergelstern", meinte die intelligente Inge scharfsinnig.

Felix E.-Emminger

Speisekarte

VORSPEISEN

Hammersuppe mit Sprudel
Hummersuppe mit Nudeln

Gemischter Salatteller mit Schnittlauch
Gefischter Salatkeller mit Schnittbauch
Gezischter Salatteller mit Schnittschlauch

HAUPTGERICHTE

Hummerkotelett mit weißen Bienen
Himmelkotelett mit heißen Bahnen
Hammelkotelett mit weißen Bohnen

Spinat mit Brotkartoffeln in Spiegelei
Spinat mit Bratkartoffeln und Spiegelei
Spinat mit Bratpantoffeln und Spiegelbrei

DESSERTS

Weiße Kirchen mit Vanilleeis
Heiße Kirschen mit Vanillepreis
Heiße Kirschen mit Vanilleeis

Eisbecher mit drei Kugeln
Eisbrecher mit drei Kegeln
Eisbrecher mit drei Segeln

Italienisch

Sotto le frasche del capanno
Quattro gatti grossi stanno,
sotto quattro grossi sassi,
quattro gatti grossi e grassi.

Unter den Zweigen des Unterstands
sitzen vier dicke Kater beinand;
unter vier großen Felsenbrocken
vier dicke fette Kater hocken.

Englisch

She sells sea shells
down by the seashore.

Sie verkauft Muscheln
am Meeresstrand.

Peter Piper picked
a peck of pickled peppers.

Peter Piper pflückte
eine Viertelscheffel eingelegten Paprika.

How much wood
would a wood chuck chuck
if a wood chuck
would chuck wood?

Wie viel Holz
würde ein Murmeltier hacken,
wenn ein Murmeltier
Holz hacken würde?

Bienensprachen

Bienendeutsch:
Summ, summ, summ.
Bienenenglisch:
Samm, samm, samm.
Bienenfranzösisch:
Sümm, sümm, sümm.
Bienenfinnisch:
Suomi, suomi, suomi.

Rupert Schützbach

Kees van Dongen: Le Clown

Johann

Jooohann!
Sie wünschen?
Bring frische Äpfel!
Die Äpfel sind alle.
Alle?
Alle!
Alle alle?
Alle alle!
Dann kauf welche!
Das Geld ist alle.
Alle?
Alle!
Alles alle?
Alles alle!
Wieso ist das Geld alle?
Die Apfelernte war schlecht.

Helge Weinrebe

Morgen

Morgen.
Morgen.
Wann sind meine Schuhe fertig?
Morgen.
Morgen?
Morgen!
Morgen.
Morgen.

Wutsprüche

Krokodil und Krokodil,
erstens brüll ich, wann ich will!
Krokodil und Krokodiller,
zweitens brülle ich immer schriller!
Krokodiller, Riesenzahn,
drittens fange ich erst an!
Riesenzahn und Krokodil,
nachher bin ich
wieder still.

Gerald Jatzek

Kirschkuchen

Spieler: Gast, Kellner
Requisiten: Tisch und Stuhl, ein Teller mit Kuchen.

Der Gast *(kommt und nimmt an dem Tisch Platz)*

Der Keller *(kommt langsam)*: Der Herr wünschen?

Gast: Eine Tasse Kaffee und ein Stück Kuchen!

Kellner: Was für Kuchen wünschen der Herr?

Gast: Was haben Sie denn?

Kellner: Kranzkuchen, Pfannkuchen, Kirschkuchen, Pflaumenkuchen, Napfkuchen, Baumkuchen, Streuselkuchen, Mohnkuchen.

Gast: Genug! Genug! Bringen Sie ein Stück Kirschkuchen!

Kellner: Bitte sehr! *(geht ab und kommt nach einer Weile mit einem Teller mit Kuchen wieder)* Bitte sehr, der Herr: Kirschkuchen! Der Kaffee kommt sofort, er wird frisch gebrüht.

Gast: Danke sehr! *(fängt an zu essen, schüttelt den Kopf, isst wieder ein Stück, schüttelt den Kopf)* Herr Ober!

Kellner *(kommt langsam)*: Der Herr wünschen?

Gast: Was ist das für Kuchen?

Kellner: Kirschkuchen, der Herr!

Gast: Aha, Kirschkuchen! *(isst weiter, schüttelt wieder den Kopf)* Herr Ober!

Kellner *(kommt langsam)*: Bitte, mein Herr?

Gast: Was soll das für ein Kuchen sein?

Kellner *(ungeduldig)*: Ich sagte bereits: Kirschkuchen!!

Gast: Ein Kirschkuchen?

Kellner Ja, ein Kirschkuchen!!

Gast: Aber da sind doch gar keine Kirschen drin!

Kellner: Mag sein. Aber haben Sie schon mal Hundekuchen gesehen, in dem Hunde drin sind?

Peter Charlot

Pantomime

Die Pantomime ist ein Spiel ohne Worte. Mit ausdrucksvollen Bewegungen, Mimik und Gestik wird den Zuschauern eine Geschichte erzählt. Alle Bewegungen müssen langsam und besonders deutlich ausgeführt werden, damit man die Geschichte verstehen kann.

Spiegelbild

Die Lehrerin oder der Lehrer ist der „Spiegelgucker“. Ihr oder ihm gegenüber stehen die Kinder. Sie sind der „Spiegel“.
Der Spiegelgucker beginnt mit einfachen Bewegungen. Jedes Kind macht die Bewegungen spiegelverkehrt nach. Es wird schwieriger, man sich beim Spielen auch vorwärts, rückwärts oder seitwärts bewegt.

Pantomimische Kette

Fünf Kinder verlassen den Raum. Die anderen vereinbaren eine kurze pantomimische Handlung, zum Beispiel Äpfel vom Baum zu ernten oder den Tisch zu decken und gemeinsam zu essen. Dann probieren sie den Handlungsablauf aus und einigen sich, wer vorspielen darf. Jetzt wird das erste hinausgeschickte Kind hereingerufen und die Pantomime wird ihm vorgespielt.
Dieses Kind spielt die Geschichte, so wie es sie verstanden hat, dem zweiten, hereingerufenen Kind vor. Am Schluss besprechen alle gemeinsam, was am Ende der Kette herauskam und warum das so war.

Stummes Orchester

Ein Kind ist der Dirigent, alle anderen sitzen im Orchester und spielen ein Instrument. Der Dirigent gibt Einsätze, schlägt den Takt, lässt laut und leise, schnell und langsam spielen.
Die Kinder im Orchester spielen völlig lautlos, nur beim gemeinsamen Schlussakkord dürfen alle ihr Instrument zum Klingen bringen.

Seltsamer Spazierritt

1. Szene

Sprecher: Vater und Sohn waren auf dem Wochenmarkt in der Stadt. Sie haben alles verkauft, was sie in ihren Körben hatten. Nun kehren sie heim. Der Vater reitet auf seinem Esel. Sein Sohn läuft nebenher.
Der Vater pfeift vergnügt ein Lied. Denn auf dem Rücken des Esels geht es ihm gut.

Sohn: Ach Vater, wie weit ist es noch bis nach Hause? Mir tun die Füße so weh! Kann ich nicht auch mal auf dem Esel reiten?

Vater: In deinem Alter bin ich jede Woche zum Markt gelaufen. Du hast doch junge Beine.

Esel: I-A, I-A, I-A.

1. Wanderer: Ja, was sehe ich denn da? Lässt da wirklich ein Vater seinen armen kleinen Sohn nebenher laufen? Herr, Ihr habt doch viel größere Füße.
Der Junge kann ja nicht mehr. Seht nur, wie elend er aussieht. Lasst ihn sofort aufsitzen und lauft selber.

2. Szene

Sprecher: Der Vater hört die Worte, schämt sich und steigt ab.

Vater: Komm her, mein Sohn und steige auf. Ich werde das Stück bis nach Hause zu Fuß schon schaffen.
Außerdem freut sich der Esel. Du bist leichter als ich.

Sohn: Oh, vielen Dank, lieber Vater! Hier lässt es sich aushalten.

Esel: I-A, I-A, I-A.

2. Wanderer: Ja, gibt's denn so was? Willst du junges Bürschlein wohl sofort ein Stückchen Platz machen und deinen armen alten Vater mitreiten lassen? Schämst du dich nicht? Man soll seine Eltern ehren!

Sprecher: Nun sitzen beide auf dem alten Esel. Der muss jetzt eine doppelte Last schleppen. Die beiden Reiter aber pfeifen vergnügt ein Lied.

3. Szene

Sprecher: Da naht ein dritter Wanderer. Auf seinem Rücken schleppt er einen großen Korb.

3. Wanderer: Ich glaube, ich träume! So was hat die Welt noch nicht gesehen. Da kommen zwei gesunde, kräftige Menschen auf dem elenden Esel dahergeritten. Das ist Tierquälerei! Man sollte euch herunterprügeln.

Vater: Oh, recht hat der Mann. Wir haben unserem Tier wohl zu viel zugemutet. Komm, wir steigen lieber ab.

Sohn: Es ist ja nicht mehr weit. Ich sehe schon den Kirchturm und unser Hausdach. Außerdem können wir laufen und trotzdem unser Lied pfeifen.

Esel: I-A, I-A, I-A.

4. Szene

Sprecher: Kurz vor dem Dorf begegnet ihnen ein vierter Wanderer. Er trägt ein Bündel auf dem Rücken und seinen Hund auf dem Arm.

4. Wanderer: Ja, so etwas gibt es doch wohl nicht. Da kommen zwei Erschöpfte neben ihrem Esel hergelaufen und keiner reitet und lässt es sich wohl sein.

Vater: Hast du das gehört?

Sohn: Ja und nun? Was machen wir denn jetzt?

Vater: Siehst du den dicken Stock da im Straßengraben? Hol ihn her und hilf mir, die Beine des Esels zusammenzubinden.

Sohn: Du musst die Knoten festerziehen, damit ich den Stock durchschieben kann.

Esel: I-A, I-A, I-A.

Sprecher: So laden sich Vater und Sohn die schwere Last auf ihre Schultern und tragen den Esel nach Hause.

Vater: Noch ein paar Schritte und es ist geschafft.

Sprecher: Ja, ja! Soweit kann es kommen, wenn man es allen Leuten recht machen will.

nach Johann Peter Hebel

Der Traum des Puppenspielers

Eines Abends saß ein Puppenspieler bis tief in die Nacht in seiner Werkstatt und schnitzte ganz versonnen an einer zierlichen, kleinen Puppenfee. Über seine Arbeit gebeugt und ganz vertieft merkte er gar nicht, wie er müde wurde. Und so kam es, dass der Puppenmacher langsam einnickte und bald tief und fest schlief und einen wundersamen Traum träumte.

Er träumte, dass alle seine Puppen zum Leben erwachten. Doch der Traum des Puppenmachers schien Wirklichkeit zu werden. Wenn man genau hinsah, konnte man sehen, dass die Puppen ihre Augen langsam hin- und herbewegten und ihre Köpfe vorsichtig nach links und rechts drehten. Als die Turmuhr zur dritten Stunde des neuen Tages schlug und der letzte Glockenschlag verklungen war, geschah etwas Wundersames.

Die Puppen fingen an, sich wie von selbst zu bewegen. Die Zinnsoldaten setzten vorsichtig ein Bein vor das andere und versuchten zu marschieren. Die Feen schwebten wie von Zauberhand geführt durch den Raum. Die Bären tapsten schwerfällig und unbeholfen hin und her. Kasperl machte seine Späße. Die Marionetten bewegten sich, wie von unsichtbaren Fäden gezogen. Das Tanzäffchen hüpfte fröhlich hin und her.

Doch auf einmal war ein lautes Stampfen zu hören. Was war das? – Alle Puppen horchten auf und erschraken sehr. Der Zauberer war aus seinem Schlaf erwacht und kam Unheil verkündend näher. Laute Zaubersprüche ausrufend versuchte er die Puppen mit seinem Stab zu verzaubern. Die Puppen versuchten zu fliehen und sich zu verstecken, doch die Werkstatt des Puppenmachers war viel zu klein. Der Zauberer verzauberte eine Puppe nach der anderen zur Marmorsäule – außer dem Kasperl, der immer entwischen konnte. Der Kasperl aber holte sich einen Hammer von des Puppenmachers Werkbank. Als der Zauberer wieder näher kam, schlug er kräftig auf ihn ein, bis er laut schreiend und fluchend die Werkstatt verließ. Darauf erhob sich ein gewaltiges Donnern und Rauschen. Alle Puppen zitterten wie Espenlaub und lösten sich aus ihrem Bann.

Langsam und vorsichtig bewegten sie sich hin und her. Als sie sahen, dass der Zauberer verschwunden war, tanzten sie vor Freude in der ganzen Werkstatt umher. Sie drehten sich im Kreis, tanzten immer schneller und trieben es so schlimm, dass ihre Gelenke schon knacksten. Wie von Teufelshand getrieben sprangen sie in der Werkstatt umher, eine fremde Macht schien sie zu bewegen. Auf einmal fielen alle Puppen klirrend und scheppernd zu Boden und blieben reglos liegen.
Durch den Krach geweckt, erhob sich der Puppenspieler und wunderte sich über das Durcheinander in seiner Werkstatt.

Heike Siebel

Der Traum des Puppenspielers – eine Pantomime

Der Text wird mit langen Pausen vorgelesen. Die Spieler und Spielerinnen machen dazu passende Bewegungen. Vorschläge:

Puppenspieler: schnitzen, zurücktreten und Figur betrachten, langsam einschlafen, gähnen ...
Puppen: stehen starr, erwachen langsam, erschrecken, verstecken sich, hüpfen vor Freude, drehen sich ...
Feen: schweben, tanzen ...
Zauberer: schwere Schritte, Beschwörungen ...
Bär: schwerfällig tappen ...
Kasperl: lustig springen, zappeln, Grimassen schneiden ...
Marionetten: ruckartig bewegen, mit Gliedern schlenkern ...
Zinnsoldaten: steife Schritte, zackige Bewegungen ...

Selbst ausgedachte Kostüme machen die Aufführung noch schöner und lebendiger.

Der gestiefelte Kater Ein Spielvorschlag

1. Szene: Vor der Mühle *(Müller, Kater)*

Müller klagt, dass sein Vater gestorben ist. Er jammert, weil seine Brüder die Mühle und den Esel geerbt haben und er nur den Kater. Er will ihn töten, um wenigstens Handschuhe aus dem Fell machen zu lassen.

Kater verspricht, ihm zu helfen, wenn er ihn nicht tötet.

Müller ist erstaunt, dass der Kater sprechen kann.

Kater will, dass ihm der Müller Stiefel machen lässt.

Müller verspricht, einem Schuster den Auftrag zu geben.

2. Szene: Vor dem Schloss *(Kater, Wachsoldaten, König)*

1. Wachsoldat fragt, was der Kater will.

Kater sagt, dass er zum König will.

1. Wachsoldat will ihn nicht hineinlassen, weil er ein Kater ist.

2. Wachsoldat vermutet, dass der König an dem Kater Spaß haben wird, und fordert den Kater auf, ins Schloss zu gehen.

(Kater geht zum König.)

Kater grüßt den König und sagt, dass sein Herr, der Graf *(Namen erfinden)* dem König einen Sack voll Rebhühner schenkt.

König (erfreut) bedankt sich und lässt dem Kater so viel Gold geben, wie er tragen kann. Er lässt einen Gruß an den Grafen ausrichten.

3. Szene: Vor der Mühle *(Müller, Kater)*

Müller jammert, dass er nun gar nichts mehr habe, weil er sein letztes Geld für die Stiefel ausgegeben hat.

Kater (erscheint und schüttet das Gold aus) sagt, dass dies der Dank für die Stiefel sei und dass der König ihn grüßen lässt.

Müller fragt, wie das zugegangen ist.

Kater erzählt ihm, wie er die Rebhühner gefangen und dem König gebracht hat.

Müller bedankt sich und umarmt den Kater glücklich.

Kater sagt, dass er das nun jeden Tag machen wird.

4. Szene: Am See *(Müller, Kater, König, Prinzessin, Bedienstete)*

Müller freut sich, dass er nun so reich ist, weil der Kater schon so oft Gold gebracht hat. Er fragt den Kater, warum er vorgeschlagen hat, an den See zu gehen.

Kater erzählt, dass er gehört hat, dass der König heute eine Spazierfahrt mit der Prinzessin an diesen See machen wird.

Müller fragt, was das mit ihm zu tun hat.

Kater sagt, dass er einen Plan hat. Er sagt, dass sich der Müller jetzt ausziehen und im See baden soll.

(Müller verschwindet im See, der König kommt anspaziert.)

Kater jammert, dass sein Herr im See badet und ein Dieb ihm alle Kleider gestohlen hat.

König lässt ihm von einem Bediensteten einen Mantel von des Königs Kleidern geben.

(Müller zieht sich an und erscheint.)

Müller grüßt den König.

König lädt ihn ein, mit ihm und der Prinzessin spazieren zu gehen, bedankt sich bei ihm für die Rebhühner.

(Sie gehen ab.)

Kater (als sie verschwunden sind) sagt, dass er nun vorausrennt zu den Leuten auf der Wiese.

5. Szene: Wiese, Kornfeld, Wald *(Kater, Leute)*

Kater fragt die Leute auf der Wiese, wem die Wiese gehört.

Leute antworten, dass sie dem großen Zauberer gehört.

Kater sagt, dass sie von jetzt an sagen sollen, dass die Wiese dem Grafen gehört – sonst würde ihnen Schlimmes geschehen.

(Kater rennt dann zum Kornfeld in den Wald: Jedes Mal die gleiche Frage, die gleiche Antwort.)

6. Szene: Schloss des Zauberers *(Kater, Zauberer)*

Zauberer fragt den Kater, was er will.

Kater fragt, ob es wahr ist, dass er sich in alles verwandeln kann.

Zauberer prahlt, dass er sich in jedes Tier verwandeln kann.

(Zauberer verwandelt sich in einen Löwen und faucht.)

Kater tut so, als ob er schrecklich Angst hätte. Er fragt, ob sich der Zauberer auch in eine Maus verwandeln kann.

Zauberer prahlt, dass er das selbstverständlich auch kann.

(Zauberer verwandelt sich in eine Maus, Kater frisst sie.)

7. Szene: Wiese, Feld, Wald, Schloss des Zauberers *(König, Graf, Prinzessin, Leute, Bedienstete, Kater)*

König fragt die Leute, wem die Wiese gehört.

Leute antworten, dass sie dem Grafen gehört.

König bewundert den Grafen, dass er eine so große Wiese hat.

(Kornfeld, Wald: Jedesmal die gleiche Frage, die gleiche Antwort.)

Dann kommen sie zum Schloss. *(Sie fahren weiter zum Schloss.)*

Kater grüßt den König und sagt, dass dieses das Schloss seines Herrn, des Grafen, ist.

König ist sehr erstaunt. Er verspricht dem Grafen seine Tochter.

Müller bedankt sich herzlich.

Müller verkündet, dass der Kater sein erster Minister ist.

Siggi Gsell

Das ganze Märchen kannst du in den „Märchen der Brüder Grimm“ nachlesen.

Fritz von Uhde: Zwei Mädchen im Garten

Jorinde und Joringel

Es war einmal eine böse Zauberin, die wohnte in einem alten Schloss, mitten in einem tiefen und dunklen Wald. Am Tage machte sie sich zur Nachteule oder zur Katze. War die Sonne untergegangen, wurde sie wieder eine alte und krumme Frau. Kam aber jemand dem Schloss zu nahe, wurde er von ihr verzaubert und konnte sich nicht mehr von der Stelle bewegen. War es ein Mädchen, so wurde es in einen Vogel verwandelt. Diesen sperrte die böse Zauberin in einen Käfig und trug ihn in eine große Kammer auf dem Schloss. Dort hatte sie schon siebentausend Käfige mit siebentausend Vögeln, die vorher siebentausend schöne Mädchen gewesen waren.

In der Nähe des Schlosses wohnte ein Jüngling namens Joringel. Er war in ein Mädchen verliebt. Es hieß Jorinde und war schöner als alle anderen Mädchen im Lande.

Ein paar Tage vor ihrer Hochzeit gingen die beiden im Wald spazieren. Es war ein schöner Abend und die Sonne wollte gerade dunkelrot untergehen.

„Wir wollen Acht geben“, sagte Joringel, „dass wir nicht zu nahe an das Schloss kommen.“

Die beiden waren lange gegangen und da sie nicht mehr wussten, wie sie nach Hause gehen sollten, setzten sie sich in das weiche Moos und weinten.

In den Zweigen einer Maibuche saß eine Turteltaube und schlug ganz traurig ihr Abendlied.

Joringel schob die Zweige eines Busches zur Seite und erschrak, da sie ganz nahe bei der Schlossmauer saßen. Jorinde aber saß da und sang:

„Mein Vöglein mit dem Ringlein rot
Singst traurig, singst vom Leiden,
singst du dem Täubchen seinen Tod,
singst klagend, singst – zicküth, zicküth.“

Joringel drehte sich um und wollte nach seiner Jorinde sehen.

Aber er konnte sie nicht finden. Sie war in eine Nachtigall verwandelt, saß auf einem Zweig der Maibuche und sang immerzu „zicküth, zicküth“.

Da flog eine Nachteule mit glühenden Augen dreimal um Joringel und schrie jedesmal „Schu, huu, huu“. Da war Joringel versteinert. Er konnte nicht schreien, nicht weinen, nicht reden noch Hand oder Fuß bewegen.

Nun war die Sonne untergegangen.

Die Nachteule flog in einen Strauch und gleich drauf kam eine alte, krumme Frau hervor. Sie fing die Nachtigall und trug sie fort.

Als das alte Weib nach einer Stunde wieder gekommen war, sagte es mit dumpfer Stimme:

„Mond, beschein' den Stein,
soll er wieder lebendig sein!“

Da konnte sich Joringel wieder bewegen. Er fiel vor der alten Frau auf die Knie und flehte sie an, sie möge ihm seine liebste Jorinde wiedergeben. Das alte Weib aber stieß ihn aus dem Weg und sagte, er solle Jorinde nie wieder bekommen. Dann verschwand sie.

Joringel weinte bitterlich. Er schluchzte und jammerte die ganze Nacht, aber alles war umsonst.

Am nächsten Morgen machte er sich traurig auf den Weg und kam in ein Dorf. Dort nahm er eine Stelle als Schafhüter an. Er trieb die Herde oft um das Schloss herum, kam ihm aber nie zu nahe.

Eines Nachts träumte er, dass er eine wunderschöne blutrote Blume gefunden hatte mit einer großen und prächtigen Perle in der Mitte. Mit dieser Blume war er zum Schloss gegangen. Alles, was er mit ihr berührt hatte, war vom Zauber der alten Frau befreit, auch seine Jorinde.

Nachdem er erwacht war, begann er überall nach der Blume zu suchen. Er stieg auf Berge und wanderte durch Täler und am neunten Tag fand er die blutrote Blume: Sie war wunderschön und in der Mitte trug sie einen Tautropfen, so klar und so rein wie die schönste Perle.

Joringel trug die Blume mit der Perle Tag und Nacht, bis er an das Schloss kam. Als er schon ganz nah am Schloss war, konnte er sich noch immer bewegen.

Mit der Blume berührte er das Tor. Es öffnete sich. Im Schlosshof vernahm er schon den Gesang der siebentausend Vögel in den siebentausend Käfigen. Joringel sprang rasch die Treppen hinauf und fand die große Kammer mit den siebentausend Käfigen.

Die Zauberin war gerade dabei, die siebentausend Vögel zu füttern. Wie sie ihn sah, wurde sie sehr böse und zornig. Sie spuckte Gift und Galle gegen Joringel und wollte ihn aus der Kammer drängen, kam aber nicht an ihn heran. Joringel lief schnell zu den Käfigen. Wie aber sollte er unter den siebentausend Vögeln seine Jorinde erkennen?

Wie er von Käfig zu Käfig lief und nach Jorinde rief, bemerkte er, dass die hässliche Alte einen Käfig weggenommen hatte und damit zur Türe eilte.

Schnell sprang er hinter ihr her und berührte die Zauberin mit der Blume. Da war sie versteinert. Sie konnte nicht mehr zaubern, nicht schreien, nicht reden noch Hand oder Fuß bewegen.

Joringel nahm ihr den Käfig aus der Hand und berührte ihn mit der blutroten Blume.

Da stand plötzlich Jorinde vor ihm, so schön und so jung, wie sie ehemals war. Joringel fiel ihr um den Hals und küsste sie.

Da machte er auch alle anderen siebentausend Vögel in ihren siebentausend Käfigen wieder zu jungen Mädchen und ging mit seiner Jorinde glücklich nach Hause.

Und sie lebten viele Jahre vergnügt zusammen. Und wenn sie nicht gestorben sind, so leben sie noch heute.

Brüder Grimm

Wenn du noch andere Märchen von den Brüdern Grimm lesen willst, kannst du dir in der Bücherei ein Buch über Grimms Kinder- und Hausmärchen ausleihen.

Am Höllenschlund

Ronja stand auf der Mattisburg und entdeckte plötzlich Birk auf der Nordburg. Die beiden Burgen waren nur durch ein paar Meter voneinander getrennt, aber dazwischen klaffte ein tiefer Abgrund, der Höllenschlund. Birk, der zur feindlichen Borka-Räuberbande gehörte, hatte angefangen Ronja zu beschimpfen und nun stritten sie sich schon eine ganze Weile. Doch dann sprang Birk über den Höllenschlund. „Mach's nach, wenn du kannst!", sagte er mit einem kleinen Grinsen. Ronja tat es ihm nach. So ging es eine Weile …

Wieder kam Birk ihr über die Schlucht entgegengeflogen und wieder setzte auch sie zum Sprung an. Zum wievielten Mal wusste sie nicht. Ihr war, als hätte sie nie etwas anderes getan als über Abgründe springen, um Borkalümmeln zu entkommen. Da sah sie, wie Birk, gerade als er aufsetzte, auf einem Stein ausrutschte, der lose am Rande lag. Und sie hörte seinen Aufschrei, bevor er in der Tiefe verschwand. Danach hörte sie nur noch die Krähen. Sie schloss die Augen und wünschte, diesen Tag hätte es nie gegeben. Und sie wünschte, dass sie beide nie gesprungen wären.

Schließlich kroch sie bäuchlings bis an den Rand vor und spähte hinab in die Schlucht. Und da sah sie Birk. Er stand unmittelbar unter ihr auf einem Stein oder Balken oder was es nun war, das aus der geborstenen Mauer ragte. Nur gerade so weit, dass seine Füße dort Platz fanden, aber auch nicht mehr. Dort stand er, den tiefen Höllenschlund unter sich und seine

Hände suchten verzweifelt nach einem Halt, nach irgendetwas, woran er sich festhalten konnte, etwas, das ihn davor bewahrte, in den Abgrund zu stürzen. Und er wusste und auch sie wusste es, dass er ohne Hilfe nicht herauskommen konnte. Er würde dort stehen müssen, bis seine Kräfte versagten, das wussten beide, und danach würde es keinen Birk mehr geben.

„Bleib da stehen!“, rief Ronja und er antwortete mit einem kleinen Grinsen: „Ja, was anderes kann man hier schlecht tun!“ Aber Angst hatte er, das sah sie ihm an.

Ronja riss sich den geflochtenen Lederriemen ab, den sie stets zu einem Knäuel zusammengerollt am Gürtel trug. Er hatte ihr in ihrem Waldleben bei allem Klettern und Hangeln oft gute Dienste getan. Jetzt machte sie eine große Schlinge in das eine Ende des Riemens und knotete sich das andere um den Leib. Danach ließ sie den Riemen zu Birk hinab. „Streif dir die Schlinge über, wenn du kannst“, sagte sie. „Aber klettre erst los, wenn ich rufe! Nicht früher!“

Ronja warf sich platt auf den Bauch und dann rief sie: „Los jetzt!“ Gleich darauf spürte sie, wie sich der Riemen um ihren Bauch schnürte. Es tat weh. Jeder Ruck am Riemen, wenn Birk höher kletterte, ließ sie aufstöhnen. Bald breche ich wohl mittendurch wie die Mattisburg, dachte sie und biss die Zähne zusammen um nicht zu schreien.

Plötzlich ließ der Druck nach und da stand Birk und sah auf sie hinunter.

Astrid Lindgren

Ronja, Michel, Kalle und Lotta, Karlsson, Pelle, Madita, Klein-Ida und vor allem Pippi – das sind die pfiffigen, manchmal auch frechen Kinder in den Büchern der schwedischen Autorin Astrid Lindgren.

Brüder

Mein einer Bruder zeigte auf die Räder seines Fahrrads und sagte zu meinen Brüdern und mir, dass wir bedeutende Menschen werden müssten. In unserem ganzen Leben hätten wir noch nichts erreicht, sagte er, nichts, was Menschen behalten würden, falls wir morgen sterben würden.
Wir hatten noch nichts entdeckt, und erfunden hatten wir auch nichts. Ich erinnerte mich, dass wir schon mehrere Male einen Kinderwagen zerlegt hatten, auch eine alte Waschmaschine und ein kaputtes Radio, aber es war uns nicht gelungen, aus den einzelnen Teilen etwas Bedeutendes zusammenzusetzen.
Mein Bruder zeigte auf die Reifen seines Fahrrads und sagte, dass wir etwas so Bedeutendes wie das Rad erfinden müssten. Etwas Nützliches wie das Feuer, den Wasserhahn oder die Glühlampe. Erst dann wären wir bedeutende Menschen.
„So schwierig kann das nicht sein“, sagte ein anderer Bruder. „Es ist ein Trick. Man muss einfach versuchen, über Dinge nachzudenken, die es noch nicht gibt. Ich sage nicht, dass es leicht ist, aber man kann es jedenfalls probieren.“
Meine Brüder waren voller Selbstvertrauen und legten sich neben ihren Rädern ins Gras. Ich legte mich auch hin.
„Dauert das lange?“, fragte ich.
„Das kommt darauf an“, sagten meine Brüder.
Für ein paar Minuten wurde es still. Meine Brüder schauten in die Wolken, die ziemlich tief über uns dahintrieben. Sie machten ernste Gesichter, und an ihren Stirnen konnte ich sehen, dass sie nachdachten.
Ich schaute auf meine Uhr, weil ich weiter Rad fahren wollte und langsam ungeduldig wurde. Ich verstand nicht, warum meine Brüder es so kompliziert machten.
Sie lagen ausgestreckt im Gras und seufzten und stöhnten und suchten krampfhaft nach etwas, was es noch nicht gab.

Ich schaute zur Seite und wusste sofort, dass ich zum Beispiel etwas mit dem Gras erfinden musste, in dem ich lag. Ich dachte auch an irgendwas mit Ameisen, denn eine lief über meinen Arm, und ich musste auch etwas mit Gerüchen erfinden, denn in der Nähe waren Kühe, und etwas mit kleinen Geräuschen, die nicht auffallen, so wie Herzklopfen und das Knistern eines Käferflügels. Ich fühlte, wie froh mich all das machte, was mir Ideen für Erfindungen gab. Dann träumte ich davon, dass ich etwas erfand, was einen Menschen zum Lächeln brachte, und zu meinem Erstaunen war die Erfindung höher als die Bäume und größer als die Weide und die Wälder drum herum. Meine Brüder setzten sich auf. Sie hatten nur so was Kleines wie einen Fluch und einen Seufzer erfunden, und damit waren sie nicht zufrieden. Sie schimpften auf meinen Bruder.

„Ich habe nicht gesagt, dass wir schon heute Mittag bedeutende Menschen werden müssen“, murmelte mein Bruder ein bisschen undeutlich. „Es geht auch morgen oder in der nächsten Woche.“ Meine Brüder stiegen auf die Räder und fuhren weg, mit eingezogenen Köpfen und herunterhängenden Mundwinkeln. Ich fuhr ihnen hinterher und nach einer Weile ihnen voraus. Ich war der Einzige, der sich umschaute, alles Mögliche entdeckte und ein Lied dazu pfiff.

Bart Moeyaert

Herrn Bremser geht ein Licht auf

Freitags kam Pünktchen eine Stunde früher als sonst aus der Schule. Direktor Pogge wusste das und schickte den Chauffeur mit dem Auto hin, dass er das Mädchen mit dem Auto heimführe. Die anderen kleinen Mädchen freuten sich schon. Denn wenn Pünktchen Pogge mit dem Wagen abgeholt wurde, durften stets so viele mitfahren, wie hineingingen. Heute aber drehte sich Pünktchen auf dem Trittbrett herum, blickte alle betrübt an und sagte: „Kinder, nehmt mir's nicht übel, ich fahre allein. Ich habe etwas Wichtiges vor. Und da wärt ihr mir nur im Wege." Nach ein paar Minuten hielt der Wagen vor einem großen Gebäude und das war schon wieder eine Schule! „Lieber Herr Hollack", sagte Pünktchen, „einen kleinen Moment, wenn ich bitten dürfte." Es war noch Pause. Sie kletterte in die erste Etage und fragte einen Jungen, wo das Lehrerzimmer sei. Er führte sie hin. Sie klopfte. Weil niemand öffnete, klopfte sie noch einmal, und zwar ziemlich heftig. Da ging die Tür auf. Ein großer, junger Herr stand vor ihr und kaute eine Stulle.

„Schmeckt's?", fragte Pünktchen. Er lachte. „Und was willst du noch wissen?"

„Ich beabsichtige Herrn Bremser zu sprechen", erklärte sie. „Mein Name ist Pogge." Der Lehrer kaute hinter und sagte dann: „Na, da komm mal rein …"

Ihr Begleiter führte sie ans Fenster, dort lehnte ein alter, dicker Lehrer mit einer uferlosen Glatze. „Bremser, darf ich dir Fräulein Pogge vorstellen? Sie will dich sprechen." Dann ließ er die beiden allein.

„Du willst mich sprechen?“, fragte Herr Bremser. „Jawohl“, sagte sie. „Sie kennen doch den Anton Gast?“

„Er geht in meine Klasse“, erklärte Herr Bremser und guckte aus dem Fenster.

„Eben, eben“, meinte Pünktchen befriedigt. „Ich sehe schon, wir verstehen uns.“

Herr Bremser wurde langsam neugierig. „Also, was ist mit dem Anton?“

„In der Rechenstunde eingeschlafen ist er“, erzählte Pünktchen. „Und seine Schularbeiten gefallen Ihnen leider auch nicht mehr.“ Herr Bremser nickte und meinte: „Stimmt.“

Inzwischen waren noch ein paar andere Lehrer hinzugetreten, sie wollten hören, was es gebe.

„Entschuldigen Sie, meine Herren“, sagte Pünktchen, „wollen Sie sich bitte wieder auf Ihre Plätze begeben? Ich muss mit Herrn Bremser unter vier Augen sprechen.“ Die Lehrer lachten und setzten sich wieder auf ihre Stühle. Aber sie sprachen fast gar nichts mehr und spitzten die Ohren.

„Ich bin Antons Freundin“, sagte Pünktchen. „Er hat mir erzählt, Sie wollten, wenn das so weiterginge, seiner Mutter einen Brief schreiben.“

„Stimmt. Heute hat er sogar während der Geografiestunde ein Oktavheft aus der Tasche gezogen und darin gerechnet. Der Brief an seine Mutter geht heute noch ab.“

Pünktchen hätte gerne einmal probiert, ob man sich in der Glatze von Herrn Bremser spiegeln konnte, aber sie hatte jetzt keine Zeit. „Nun hören Sie mal gut zu“, sagte sie.

„Antons Mutter ist sehr krank. Sie war im Krankenhaus, dort hat man ihr eine Pflanze herausgeschnitten, nein, ein Gewächs, und nun liegt sie seit Wochen zu Haus im Bett und kann nicht arbeiten.“

„Das wusste ich nicht“, sagte Herr Bremser. „Nun liegt sie also im Bett und kann nicht kochen. Aber jemand muss doch kochen! Und wissen Sie, wer kocht? Anton kocht. Ich kann Ihnen sagen, Salzkartoffeln, Rührei und solche Sachen, einfach großartig!“

„Das wusste ich nicht“, antwortete Herr Bremser. „Sie kann auch seit Wochen kein Geld verdienen. Aber jemand muss doch Geld verdienen. Und wissen Sie, wer Geld verdient? Anton verdient das Geld. Das wussten Sie nicht, natürlich“, Pünktchen wurde ärgerlich. „Was wissen Sie denn eigentlich?“ Die anderen Lehrer lachten. Herr Bremser wurde rot, über die ganze Glatze weg.

„Und wie verdient er denn sein Geld?“, fragte er.

„Das verrate ich nicht“, meinte Pünktchen. „Ich kann Ihnen nur so viel sagen, dass sich der arme Junge Tag und Nacht abrackert. Er hat seine Mutter gern und da schuftet er und kocht und verdient Geld und bezahlt das Essen und bezahlt die Miete, und wenn er sich die Haare schneiden lässt, bezahlt er’s ratenweise. Und es wundert mich überhaupt, dass er nicht während Ihres ganzen Unterrichts schläft.“

Herr Bremser stand still. Die anderen Lehrer lauschten. Pünktchen war in voller Fahrt. „Und da setzen Sie sich hin und schreiben seiner Mutter einen Brief, dass er faul wäre, der Junge! Da hört sich doch Verschiedenes auf. Die arme Frau wird gleich wieder krank vor Schreck, wenn Sie den Brief schicken. Vielleicht kriegt sie Ihretwegen gleich noch ein paar Gewächse und muss wieder ins Krankenhaus. Dann wird der Junge aber auch krank, das verspreche ich Ihnen! Lange hält er dieses Leben nicht mehr aus.“

Herr Bremser sagte: „Schimpf nur nicht so sehr. Warum hat er mir denn das nicht erzählt?“ „Da haben Sie recht“, meinte Pünktchen. „Ich habe ihn ja auch gefragt und wissen Sie, was er gesagt hat?“ „Na?“, fragte der Lehrer. Und seine Kollegen waren wieder von den Stühlen aufgestanden und bildeten um das kleine Mädchen einen Halbkreis.

„Lieber beiß ich mir die Zunge ab, hat er gesagt.“

Herr Bremser stieg von seinem Fensterbrett herunter.

„Also gut“, sagte er, „ich werde den Brief nicht schreiben.“

„Das ist recht“, sagte Pünktchen. „Sie sind ein netter Mensch. Ich dachte mir’s gleich und vielen Dank.“ Der Lehrer brachte sie zur Tür. „Ich danke dir auch, mein Kind.“

Erich Kästner

Erich Kästner hat noch viele Bücher für Kinder geschrieben.
Du findest sie in deiner Bibliothek.

Leopoldo und der Bücherberg

Die Glocken einer Kirche schlugen eins. Der Alte erhob sich. „Komm“, sagte er, „lass uns gemeinsam etwas essen gehen.” Sie gingen in eine Imbissstube und aßen jeder sechs Reiskroketten. Während er die sechste Krokette verspeiste, sagte der Alte: „Weißt du, Leopoldo, das vorhin war nicht wahr.“

„Was meinen Sie?“

„Dass ich nichts bereue. In Wahrheit gibt es etwas, was ich sehr bedauere, und weißt du, was es ist? Dass ich ein Buch nicht zu Ende lesen konnte.“

„Ein Buch!“, rief Leopoldo so entsetzt, als hätte der Alte von einer schwarzen, behaarten Spinne gesprochen. Ihm blieb die Spucke weg. Wie konnte man einem Buch nachtrauern?

„Es nennt sich *Der Sternsucher*“, fuhr der Alte fort. „Ich hatte es schon fast bis zu Ende gelesen, als die Mongolen mich mit Blindheit schlugen.“

„Was war das für eine Geschichte?“, fragte Leopoldo aus reiner Höflichkeit.

Der Alte begann zu erzählen. Es war die Geschichte eines Mannes, der unschuldig in Gefangenschaft geraten war. Lange Zeit im Dunkeln, in Ketten liegend, hatte er in seiner Fantasie zu reisen begonnen. Als besäße er eine Zeitmaschine, hatte er sich in das Leben von Menschen hineinversetzt, die in fernen Zeiten lebten. Leopoldo, der sein anfängliches Misstrauen überwunden hatte, wartete gespannt, wie die Geschichte weiterging. Es war eine faszinierende Geschichte, und er lauschte wie gebannt.

„Den Ausgang der Geschichte, nun, den kenne ich nicht“, endete der Alte traurig.

Leopoldo zerquetschte ein Reiskorn, das von der Krokette heruntergefallen war, auf der Tischplatte.

„Ich habe eine Idee!“, rief er plötzlich mit lauter Stimme.

„Und zwar?“

„Wir gehen in einen Buchladen und lesen die Geschichte zu Ende!“

Der Alte stand auf und zahlte. „Eine hervorragende Idee“, sagte er und ging, bei Leopoldo eingehakt, hinaus. Der Buchladen war nicht weit entfernt, sie fragten einen Verkäufer nach den Abenteuerbüchern und kaum standen sie vor dem Regal, fand Leopoldo auch schon das richtige Buch. Sie zogen sich in einen unbeobachteten Winkel zurück und suchten die Stelle, bis zu der sie die Geschichte kannten.

„Ich habe es gleich!“, rief Leopoldo, während er die Kapitelüberschriften überflog, und räusperte sich, als er das Buch an der richtigen Stelle aufgeschlagen hatte. Dann kehrte Stille ein. Leopoldo betrachtete die Seiten und merkte, wie ihm Tränen in die Augen stiegen. So gerne er diesmal auch lesen wollte, es ging ihm wie jedesmal, wenn er ein Buch aufschlug: All die schwarzen Buchstaben verwandelten sich in eine Schar betrunkener Ameisen, die ohne eine erkennbare Ordnung von einem Rand zum anderen auf dem Blatt herumwimmelten.

„Nun?“, fragte der Alte ungeduldig.

„Einen Augenblick“, sagte Leopoldo mit tränenerstickter Stimme. „Die Seite ist ein großes Durcheinander.“

„Kannst du nicht lesen?“, fragte der Alte misstrauisch.

„Aber sicher doch, ich bin in der dritten Klasse“, antwortete Leopoldo.

In diesem Augenblick kam eine Verkäuferin vorbei. Als sie sah, wie Leopoldo das Buch von seiner Nase weg- und wieder nah ranhielt, sagte sie zu dem alten Mann: „Ihr Enkel hat seine Brille vergessen.“

„Warum hast du mir das nicht gleich gesagt?“, fragte der Alte.

„Aber ich trage doch gar keine Brille!“, antwortete Leopoldo.

„Wenn du einen solchen Salat vor der Nase hast, heißt das, dass du eine brauchst.“ Damit ging der Alte zur Kasse und kaufte das Buch. Und kaum hatten sie den Laden verlassen, sagte er: „Nachdem du so freundlich gewesen bist, mir so lange Gesellschaft zu leisten, werde ich dich nach Hause begleiten.“

Susanna Tamaro

Leopoldo entdeckt beim Bücherlesen das Reich der Fantasie. Was er dabei alles erlebt, kannst du in dem spannenden Buch „Leopoldo und der Bücherberg“ von Susanna Tamaro lesen.

Die Geschichten liegen doch auf der Straße

Jeden Morgen geht der Geschichtenmacher ein bisschen spazieren. So sieht es aus. In Wirklichkeit geht er Geschichten suchen.

Die Leute haben gesagt: Die Geschichten liegen doch auf der Straße. Der Geschichtenmacher möchte sie finden und einsammeln.

Er nimmt auch immer eine große Tüte mit.

Ach was, sagt der Geschichtenmacher, die Tüte ist für die frischen Brötchen da.

Einmal hat der Geschichtenmacher wahrhaftig ein ganzes Fünfmarkstück[1] gefunden – aber eine ganze Geschichte noch nie.

Einmal haben ihn eine uralte Frau und ein uralter Mann nach dem Weg zum Hochzeitsbüro gefragt.

Er hat gesehen, wie vier Feuerwehrleute einen angefrorenen Schwan vom Fluss geholt haben.

Er hat einen großen, starken Mann in guten Sachen auf einer Bank sitzen und weinen sehen.

Zu Hause jedoch waren jedes Mal nur Brötchen in Geschichtenmachers Tüte. Aber im Kopf hat er überlegt:

Wer hat das Geld verloren?

Was wollten die Uralten auf dem Hochzeitsbüro?

Haben vier Feuerwehrleute nichts Wichtigeres zu tun?

Warum hat der Mann geweint?

Manchmal bekommt er etwas heraus und schreibt es auf. So machen es die Geschichtenmacher schon lange und überall. Deshalb gibt es so viele Geschichten auf der Welt. Und eben – hast du gehört – ist vielleicht eine neue dazugekommen.

Uwe Kant

[1] alte Münze

Stichwortverzeichnis

Verzeichnis der Textarten

Texte für besondere Leseübungen

Quellennachweis

Auer, Martin: *Eulen* (geändert) aus: Gelberg, Hans-Joachim (Hrsg.): Oder die Entdeckung der Welt, Weinheim und Basel: Beltz Verlag 1997.

Auer, Martin: *Lesebären* (Originaltitel *Septembergeschichten*, bearbeitetet) aus: Der bunte Hund Nr. 33, Weinheim/Basel: Beltz 1992.

Borchers, Elisabeth: Vom Frühling zum Winter (gek., Auszug aus: *Reise mit Samuel*) aus: Gelberg, Hans-Joachim (Hrsg.): Kinderland, Zauberland, Recklinghausen: Paulus 1967.

Braem, Harald: *Computer-Lied* aus: Gelberg, Hans-Joachim (Hrsg.): Die Erde ist mein Haus, Weinheim und Basel: Beltz & Gelberg 1988.

Braun, Gisela: *Das große und das kleine Nein* (bearb.) aus: Ich sag' nein. Mühlheim/Ruhr: Verlag die Schulpraxis 1989.

Brender, Irmela: *Abrakadabra* aus: War mal ein Lama in Alabama, Hamburg: Oetinger 2001.

Brender, Irmela: *Frau Quan schreibt Briefe* aus: War mal ein Lama aus Alabama, Oetinger, Hamburg 2001.

Brender, Irmela: *Julia meldet sich* aus: Julias anderer Tag, Würzburg: Arena 1988.

Buck, Gisela: *Der geheimnisvolle Zettel* aus: Bausteine Lesebuch 3, herausgegeben von Siegfried Buck, Braunschweig: Diesterweg 2004.

Busch, Wilhelm: *Lehrer Lämpel* aus: Das Gesamtwerk des Zeichners und Dichters Wilhelm Busch, Bd. 1: Max und Moritz – eine Bubengeschichte in sieben Stücken, Olten, Stuttgart, Salzburg: Fackelverlag 1959.

Busta, Christine: *Merkvers* aus: Hans Joachim (Hrsg.): Großer Ozean. Gedichte für alle. Weinheim und Basel: Beltz 2000.

Bydlinski, Georg: *Liebe Mama; Zum Muttertag* aus: Die bunte Brücke, Basel/Freiburg/Wien: Herder 1962.

Charlot, Peter: *Kirschkuchen* aus: Kurzschluss. Wir spielen Blitz-Witze, Darmstadt: Eduard Bloch o.J.

Cherokee: *Wie die kleine Spinne das Feuer holte* aus: Härtel, Susanne (Hrsg.): Indianer-Lesebuch, München: Franz Schneider 1995.

Diestel, Hedwig: *Das Eichhörnchen* aus: Seehofer, Klaus (Hrsg.): Arche Noah Kunterbunt, Düsseldorf: Patmos 1991.

Drechsler, Schorsch: *Wenn as Christkindla kummt* (gek.) aus: Die Henna und die Nachtigall, Nürnberg: Verlag A. Hoffmann 1988.

Eggers, Gerd: *Können Küchenherde fliegen* aus: Vorzimmer-Lieder, Berlin: Verlag Neues Leben 1982.

Emminger, Felix E.: *Zwei Menschen, zwei Sprachen; Martinchen; Buchstabensuppe; Schlangenmilch* aus: Emminger, Felix E. (Hrsg.): Bausteine Lesebuch 3, Frankfurt/M.: Moritz Diesterweg 2002.

Ende, Michael: *Beppo, der Straßenkehrer* (gek.) aus: Momo, Stuttgart: Thienemanns 1973.

Ende, Michael: *Ein Schnurps grübelt* aus: Das Schnurpsenbuch. Stuttgart: Thienemanns 1969.

Fährmann, Willi: *Aufregung beim Schulfest* (gek.) aus: Jakob und seine Freunde, Würzburg: Arena 1999.

Fährmann, Willi: *Drachenfeuer* aus: Regenbogenkrähe, zitiert nach E. Carle: Großes Bilderbuch der Fabeltiere, Hildesheim: Gerstenberg 1992.

Fährmann, Willi: *Siegfrieds Drachenkampf* (bearb.) aus: Siegfried von Xanten –eine alte Sage neu erzählt , Stuttgart: Thienemanns 1987.

Filzek, Jutta: *Anpassung ist das halbe Leben* aus: Mücke Heft 5/1992, Wiesbaden: Universum 1992.

Frank, Karlhans: *Im dritten Schuljahr kam Katja* aus: Wenn Streithähne tanzen, Frankfurt/M.: Moritz Diesterweg 1992.

Frank, Sybille: *Wie Kartoffeln geerntet werden* aus: Emminger, Felix E. (Hrsg.): Bausteine Lesebuch 3, Frankfurt/M.: Moritz Diesterweg 2002.

Fröhlich, Roswitha: *Dort, wo die Welt aufhört* aus: Gelberg, Hans Joachim (Hrsg.): Die Erde ist mein Haus, Weinheim und Basel: Beltz 1988.

Fröhlich, Roswitha: *Ich will euch erzählen* aus: Na, hör mal!, Ravensburg: Otto Maier 1980.

Fuchs, Britta: *Reklame, Reklame; Unser lieber Fernsehapparat; Wer bin ich?* aus: Buck, Siegfried (Hrsg.): Bausteine Lesebuch 3, Braunschweig: Diesterweg 2004.

Fuchs, Ursula: *Der kleine grüne Drache und die Schularbeiten* (bearbeitet) aus: Der kleine grüne Drache, Weinheim: Anrich 1985.

Geist, Hans: *Jetzt geht's um die Wurst* (bearb.) aus: Mücke, Heft 2/1987, Wiesbaden: Universum Verlagsanstalt 1987.

Glatz, Helmut: *Weil ich bin* aus: Gelberg, Hans-Joachim (Hrsg.): Der fliegende Robert, Weinheim und Basel: Beltz 1991.

Goethe, Johann Wolfgang von: *Ein großer Teich war zugefroren* aus: Goethes Werke, Hamburg: Christian Wegener 1962.

Grill, Harald: *Zwei Baustellenteufel* (gek.) aus: Gute Luft – auch wenn's stinkt, Reinbek: Rowohlt 1983.

Grimm, Jakob und Wilhelm: *Jorinde und Joringel.*

Große-Oetringhaus, Hans Martin: *Lien darf in die Schule* (bearbeitet) aus: Liens großer Traum, Reinbek: Rowohlt 1990.

Gsell, Siggi: *Der gestiefelte Kater – Ein Spielvorschlag* aus: Siegfried Buck (Hrsg.): Bausteine Lesebuch 3, Frankfurt/Main: Moritz Diesterweg 1997.

Guggemos, Albert: *Winterzeit* aus: Unterhaltsam und heiter, Altusried: Franz Brack Verlag 1997.

Guggenmos, Josef: *Das Gewitter* aus: Immerwährender Kinderkalender, Wien ÖVB 1958.
Guggenmos, Josef: *Ein Riese warf einen Stein* aus: Was denkt die Maus am Donnerstag, Beltz & Gelberg, Weinheim 1998.
Guggenmos, Josef: *Nimm und lies* aus: Der bunte Hund Nr. 1, Weinheim/Basel: Beltz 1981.
Hacks, Peter: *Der Herbst steht auf der Leiter* aus: Der Flohmarkt, Eulenspiegel Verlag.
Halbey, Hans Adolf: *Kleine Turnübung* aus: Gelberg, Hans-Joachim (Hrsg.): Überall und neben dir, Weinheim und Basel: Beltz & Gelberg1986.
Hebel, Johann Peter: *Seltsamer Spazierritt* (bearb.) aus: Meckel, Eberhard (Hrsg.): Werke, Frankfurt/ Main: Insel 1968.
Heine, Heinrich: *Die Heilgen Drei Könige* aus: Briegleb, K. (Hrsg.): Heinrich Heine – Sämtliche Schriften, München: Hanser 1968.
Herold, Gottfried: *Kleiner Unsinn* aus: Mein Dackel heißt Emil, Berlin: Kinderbuchverlag 1987.
Heyde, Ulrike: *Franzi* aus: Emminger, Felix E. (Hrsg.): Bausteine Lesebuch 3, Frankfurt/M.: Moritz Diesterweg 2002.
Hoffmann, Ginette / Lebrunn Fançoise: *Kochen in der Steinzeit* aus: Die Zeit der Höhlenmenschen, Stuttgart: Union 1993.
Jandl, Ernst: *ein blatt* (Originaltitel: antipoden) aus: Buck, Siegfried (Hrsg.): Bausteine Lesebuch 3, Frankfurt/M.: Moritz Diesterweg 1997.
Janosch: *Die Geschichte vom Kuckuck* aus: Gelberg, Hans-Joachim (Hrsg.): Das 8. Weltwunder, Weinheim/Basel: Beltz 1979.
Jatzek, Gerald: *Lob der Bücher* aus: Der Lixehix, Wien: Jugend und Volk 1986.
Jatzek, Gerald: *Wutsprüche* aus: Gelberg, Hans-Joachim (Hrsg.): Großer Ozean, Weinheim und Basel: Beltz & Gelberg 2000.
Joan Miró: *In einem Zimmer*, © VG Bild-Kunst, Bonn 2001.
Jörg, Sabine: *Adventure-Game* (bearb. Originaltitel: Computer-Miri) aus: Gelberg, Hans-Joachim (Hrsg.): Oder die Entdeckung der Welt, Weinheim und Basel: Beltz & Gelberg 1997.
Kant, Uwe: *Geschichten liegen doch auf der Straße* aus: Gelberg, Hans-Joachim (Hrsg.): Oder die Entdeckung der Welt, Weinheim/Basel: Beltz 1997.
Kästner, Erich: *Herrn Bremser geht ein Licht auf* (gek.) aus: Pünktchen und Anton, Hamburg/ Zürich: Dressler und Atrium 1999.
Kersten, Detlef: *Kommissar Kniepels 10. Fall* (gek.)aus: Kommissar Kniepel: 62 Fälle zum Selberlösen, Müchen: ars edition 1998.
Kersten, Detlef: *Kommissar Kniepels 106. Fall* aus: treff 6/1983, Velber: Friedrich 1983.
Klages, Simone und Manz, Franz: *Fernsehabend* aus: Mücke Heft 6/1992, Wiesbaden: Universum.
Kleikamp, Lore: *Von den fünf Sinnen* aus: Jöcker, Detlev: Denkt euch nur, der Frosch war krank, Münster: Menschenkinderverlag.
Knight, David C. / Korschunow, Irina: *Unsere Erde* aus: Unsere Erde, Esslingen /Mailand/New York: RSW-GmbH 1974.
König, Hermine: *Si, si, sehr glücklich* aus: Das große Jahresbuch für Kinder, München, Kösel 1994.
Krüger, Antje: *Waldschätze* aus: Buck, Siegfried (Hrsg.): Bausteine Lesebuch 3, Frankfurt/M.: Moritz Diesterweg 1997.
Krüss, James: *Das Feuer* aus: Der wohltemperierte Leierkasten, München: Bertelsmann 1997.
Krüss, James: *Der kleine Max oder der Fortschritt ohne Bremse* (gek.) aus: Gelberg, Hans-Joachim (Hrsg.): Augenaufmachen, Weinheim: Beltz 1984.
Krull, Susan: *Raketenantrieb – selbst gebaut; Warum die Blätter gelb werden; Frühlings-Elfchen* aus: Emminger, Felix E. (Hrsg.): Bausteine Lesebuch 3, Frankfurt/M.: Moritz Diesterweg 2002.
Künzler-Behnke, Rosemarie: *Erde* aus: Gelberg, Hans Joachim (Hrsg.): Großer Ozean. Gedichte für alle. Weinheim und Basel: Beltz 2000.
Lindgren, Astrid: *Am Höllenschlund* aus: Ronja Räubertocher, Hamburg: Oetinger.
Mai, Manfred: *Bulle rennt um sein Leben* (gek.) aus: Die Tigerbande, Bindlach: Loewe 1995.
Mai, Manfred: *Nur eine Hälfte* aus: Mücke Heft 11/1995, © beim Autor.
Mai, Manfred: *Warum fallen wir nicht von der Erde runter?* (gek.) aus: Unsere Erde, Bindlach: Loewe 1995.
Manz, Hans: *Purer Unsinn* aus: Lieber heute als morgen, Weinheim und Basel: Beltz & Gelberg1988.
Messelken, Ingrid: *Speisekarte* aus: Buck, Siegfried (Hrsg.): Bausteine Lesebuch 3, Braunschweig: Diesterweg 2004.
Mews, Sibylle: *Fernsehreklame* aus: Jäckels, Karin: Fernsehgeschichten, Recklinghausen: Bitter 1995.
Meyer-Dietrich, Inge: *Traumbuch* aus: Großer Ozean. Gedichte für alle, Beltz & Gelberg.
Moeyaert, Bart: *Brüder* (gek.) aus: Brüder, München: Hanser 2006.
Morgenstern, Christian: *Das ästhetische Wiesel* aus: Rotraud Susanne Berner: Dunkel war's, der Mond schien helle, Gerstenberg, Hildesheim 1999.
Mörike, Eduard: *Die heilige Nacht* aus: Göpfert, Herbert (Hrsg.): Eduard Mörike: Sämtliche Gedichte, München: Piper 1987.
Moser, Erwin: *Gute Nachbarn* (gek.) aus: Die geheimnisvolle Eule, Weinheim/Basel: Beltz & Gelberg 1997.
Müller, Walter: *Ein Krosch und eine Fröte* aus: Walter, Ilse (Hrsg.): Kinderzeit im Festtagskleid, Freiburg/ Basel/Wien 1993.
Neie, Rosemarie: *Muttertag* aus: Musil, Lieselott (Hrsg.): Es war so lange Tag, Donauwörth: Auer 1971.
O Tannenbaum, Volksgut.

Obrist, Jürg: *Treffpunkt Würstchenbar* aus: Alles klar?! Neue Minikrimis zum Mitraten, München: Deutscher Taschenbuch Verlag 2000.
Petri, Walter: *Umwelt* aus: Gelberg, Hans Joachim (Hrsg.): Großer Ozean. Gedichte für alle. Weinheim und Basel: Beltz 2000.
Press, Hans Jürgen: *Das geheimnisvolle Haus* aus: Die Abenteuer der „schwarzen hand", Ravensburg: Otto Maier 1965.
Quadflieg, Josef: *Franziskus, der Mann aus Assisi* aus: Franziskus, der Mann aus Assisi, Düsseldorf: Patmos 2000.
Rambold, Franz Xaver: *Bayerische Weihnacht* (gek.) aus: Krüss, James: So viele Tage wie das Jahr hat, München: Bertelsmann 1971.
Reichenstetter, Friederun: *Nele fährt Fahrrad* (gekürzt) aus: Nele fährt Fahrrad, Wien/München: Annette Beltz 1994.
Ringelnatz, Joachim: *Im Park* aus: Das Gesamtwerk, Zürich: Diogenes.
Ruck-Pauquèt, Gina: *Freunde* aus: Tag- und Traum-Geschichtenbuch. Ravensburg: Otto Maier o.J.
Ruck-Pauquèt, Gina: *Ist ja auch nichts für Mädchen* aus: Mücke Heft 3/1982, Wiesbaden: Universum 1982.
Schell, Katharina: *Kleine Geschenke im Advent* (bearb.) aus: Buck, Siegfried (Hrsg.): Bausteine Lesebuch 3, Frankfurt/M.: Moritz Diesterweg 1997.
Schützbach, Rupert: *Bienensprachen* aus: Gelberg, Hans-Joachim (Hrsg.): Oder die Entdeckung der Welt, Weinheim und Basel: Beltz Verlag 1997.
Siebel, Heike: *Der Traum des Puppenspielers* aus: Sportpädagogik, 7. Jahrgang, Heft 3/1983: Darstellen; Seelze: Friedrich 1983.
Sommer-Bodenburg, Angela: *Ich bin so mutig* aus: Ich lieb dich trotzdem immer, Köln: Middelhauve o. J.
Stellmacher, Hermien: *Ich will so bleiben, wie ich bin* (bearbeitet) aus: Ich will so bleiben, wie ich bin, Ravensburg: Ravensburger 2001.
Strauß und Torney, Lulu von: *Schneezauber* aus: Balladen und Lieder, Leipzig:Eugen Diederichs 1902.
Tamaro, Susanna: *Leopoldo und der Bücherberg* (gek.) aus: Leopoldo und der Bücherberg, Zürich: Diogenes 1999.
Topsch, Wilhelm: *Zungenkrank* (bearb.) aus: Mücke Heft 10/1970, Wiesbaden: Universum Verlagsanstalt 1970.
Vahle, Fredrik: *Das Gewicht der Schneeflocke* aus: Weihnachtsgrüße, Köln: Middelhauve o. J.
Vahle, Fredrik: *Herzklopfen* aus: Der Himmel fiel aus allen Wolken, Weinheim/Basel: Beltz1994.
Vellguth, Klaus/Silvio Neuenhof: *Papa bleibt zu Hause* (gek.) aus: Papa bleibt zu Hause, Aachen: Bergmoser und Höller, 1996.
Voragine, Jakobus de: *Die Legende vom Ritter Georg* (nacherzählt von Siggi Gsell).
Wächter, Hermann: *D'r Augschburger Chrischtkindlesmarkt* (gek.) aus: Immer wenn es Weihnacht' wird, Altusried: Brack 1995.
Wagner, Alois: *Fasching zu meiner Zeit* aus: Zu meiner Zeit, München: Süddeutscher Verlag 1980.
Waldemar Dinkat: *Station III.* © Waldemar Dinkat, Steinen.
Walther, Hanna: *Sommer* aus: Des boarische Bauernbüachl, Starnberg: Ruperti-Verlag 2001.
Weinrebe, Helge: *Johann* aus: Buck, Siegfried: Bausteine Lesebuch 3, Frankfurt/Main: Moritz Diesterweg 1997.
Weinrebe, Helge: *Spuren lesen: Tatort Hansa-Hotel* (bearb.) aus: Buck, Siegfried (Hrsg.): Bausteine Lesebuch 3, Frankfurt/Main: Moritz Diesterweg 1997.
Welsh, Renate: *Friedensfest* (bearbeitet) aus: Modler, Jutta (Hrsg.): Frieden fängt zu Hause an, Wien: Herder 1985.
Wendt, Irmela: *Uli und ich* (gek.) aus: Gelberg, Hans-Joachim (Hrsg.): Geh und spiel mit dem Riesen, Weinheim/Basel: Beltz 1971.
Werthmann, Franz: *Mit dem Johanniterbus zur Schule; Rund ums Rad* aus: Buck, Siegfried (Hrsg.): Bausteine Lesebuch 3, Frankfurt/M.: Moritz Diesterweg 1997.
Wittkamp, Frantz: *Das kleine Buch* aus: Ich glaube, dass du ein Vogel bist, Beltz & Gelberg.
Wolf, Klaus-Peter: *Der kurzsichtige Kunibert* (bearb.) aus: Leselöwen Drachengeschichten, Bindlach: Löwe 1991.
Wölfel, Ursula: *Die Geschichte vom Schaumbad* aus: Neunundzwanzig verrückte Geschichten, Düsseldorf: Hoch 1974.
Zach, Gisela: *Computerkunst* aus: Buck, Siegfried (Hrsg.): Bausteine Lesebuch 3, Frankfurt/M.: Moritz Diesterweg 1997.

Unbekannte Verfasser/innen

Auf bayerischen Flussfloßflüssen
Aus einem Lexikon
Bücher für mich
Buchtitelsuchgeschichte
Das neue Jahr
Der Weihnachtsbaum.
Die Drachen der „verwunschenen Inseln“ aus: Mücke Heft 3/1996, Wiesbaden: Universum.
Die Turnschuhe
Dunkel war's, der Mond schien helle.
Elfjähriger als Erpresser (bearb.) aus: Hildesheimer Allgemeine Zeitung vom 10.03.1998.
Italienisch; Englisch aus: Domenego, Hans u. a.: Das Sprachbastelbuch, Wien/München: Jugend und Volk 1975
Kartengrüße zu Weihnachten
Kartoffelkerle (geändert) aus: Tu was! Heft 8/2000, München: Domino 2000.
Kinder retten ein Moor aus: Tu was! Heft 4/1996, München: Domino
Kräuter – Würze aus der Erde aus: Tu was! Heft 8/1996, München: Domino.
Mit den Händen sehen
Morgen
Ostern
Ragnar Lodbrok aus: Früh, Sigrid: Märchen von Drachen, Frankfurt/Main: Fischer 1988
Rätsel aus: Mücki und Max Heft 10/1991, Wiesbaden: Universum.
Schüler pflanzten Kastanienhain (geändert) aus: Heimatbote Schöllkrippen vom 16. November 1999.
Waldmaus/Dachs/Rote Waldameise
Warum die Eiche im Winter ihre Blätter behält aus: Durch das Jahr – durch das Leben, München: Kösel 1988
Wellen in der Luft
Zum Pilzesammeln auf Bäume klettern (geändert) aus: Tu was! Heft 2/2000, München: Domino.

Originalbeiträge

Britta: *Auf dem Staffelberg.*
Heyde, Ulrike: *Pantomime, Technik, Wo ich lebe.*
Krull, Susan: *Vom Karussell zur Achterbahn, Waldameisen in Gefahr, Warum fallen wir nicht aus dem Looping heraus?*
Max: *Schule zu Omas Zeiten.*
Frank, Sybille: *Brillen für jeden Zweck, Lesetipps, Mit Lust und Freude ehrenamtlich aktiv.*

Bildnachweis

S. 4 Werner Gilles: Der Lesende; © Nachlass Gilles, Krefeld

S. 2 Julius Geerts: Schulstunde, Artothek, Weilheim

S. 22 Paul Klee: Herzdame, 1922, 63 29,5 x 16,4 cm; Aquarell und Bleistift auf Papier, mit Aquarell und Feder eingefasst, auf Karton: Privatbesitz, Schweiz Das Werk muss mit den originalen Beschriftungen reproduziert werden. Das Werk darf in keiner Weise beschnitten werden. © VG Bild-Kunst, Bonn 2008

S. 28/29 Sonnenbrille, Schwimmbrille, Fahrradbrille: picture-alliance/dpa; Schutzbrille, Skibrille: picture-alliance/dpaweb; historische Brille: Jan Meyer,picture-alliance/akg-images; Taucherbrille: picture-alliance/KPA/Kuttig

S. 32 Franz Marc: Rehe im Wald II, Artothek, Weilheim

S. 42 Karin Kuhlmann: Aztekischer Talisman © Digitale Welten, Karin Kuhlmann, Bild-Archiv Okapia, Frankfurt am Main

S. 52 Anthonis van Dyck: Jungfrau und Kind bei der Krippe

S. 62 Marc Chagall: Der Straßenkehrer © VG Bild-Kunst, Bonn 2008

S. 70 Waldemar Dinkat: Station III

S. 78 René Magritte: Das Reich der Lichter, © VG Bild-Kunst, Bonn 2008

S. 90 Louis Anquetin: Kind und Feuerstelle. Artothek, Peissenberg; © VG Bild-Kunst, Bonn 2008

S. 98 Isaak Iljitsch Lewitan: Die Eiche, Artothek Peissenberg/Tretjakow-Galerie

S. 103 Imagebroker.net/ullsteinbild

S. 108 Lyonel Feininger: Zeitungsleser II, © VG Bild-Kunst, Bonn 2008

S. 118 Nanjing Road, Shanghai (China): privat

S. 124 Jean Metzinger: Im Radstadion. © VG Bild-Kunst, Bonn 2008

S. 132 Robert Delaunay: Formes circulaire © L & M SERVICES B. V. The Hague 20080101

S. 139 Schwarzkümmel, Basilikum, Ysop: picture-alliance/Okapia KG, Germany; Anis: picture-alliance/ZB; Zitronengras: picture-alliance/dpa/stock-food; Koriander: picture-alliance/dpa

S. 140 o.: JUNIORS; u.: Stefan auth, alimdi.net

s. 141 o.: picture-alliance/dpa; u.: Avenue Images/ Index Stock/Burgess, Michele

S. 142 Otto Dix: ohne Titel, © VG Bild-Kunst, Bonn 2008

S. 150 picture-alliance/Okapia KG, Germany

S. 151 picture-alliance/Okapia KG, Germany

S. 152 Robert Delaunay: Rhythmus, Lebensfreude. L & M Services, NL Amsterdam; © L & M SERVICES B. V. The Hague 20080101

S. 168 Pedro Tayó: Gesicht voller Möglichkeiten; „Rostro lleno de Posibilidades“

S. 172 Schulz, Charles M.: Die Buntstifte. PIB, Kopenhagen, United Feature Syndicate, Inc.

S. 178 Joan Miró: In einem Zimmer, © Successió Miró/VG Bild-Kunst, Bonn 2008

S. 186 Kees van Dongen: Le Clown

S. 198 Fritz von Uhde: Zwei Mädchen im Garten. Artothek, Preisenberg, Blauel

Nicht in allen Fällen war es uns möglich, den Rechteinhaber der Abbildung ausfindig zu machen. Berechtigte Ansprüche werden im Rahmen der üblichen Vereinbarungen abgegolten.

Inhaltsverzeichnis

Lösungen:
Zu Seite 81: Ferien auf Saltkrokan / Wir Kinder aus Bullerbü / Die Kinder aus der Krachmacherstraße / Pippi Langstrumpf / Kalle Blomquist (lebt gefährlich) / Der Drache mit den roten Augen / Madita / Die Brüder Löwenherz / Ronja Räubertochter / Karlsson vom Dach.
Zu Seite 86: Eine Elster hat die Uhr gestohlen.

BAUSTEINE Lesebuch 3, Ausgabe Bayern

Herausgegeben von
Felix E. Emminger

Erarbeitet von
Felix E. Emminger, Renate Emminger,
Sybille Frank, Ulrike Heyde und Susan Krull

Illustrationen von
Susanne Bochem, Nicole Bonzelius-Lorenz, Karoline Kehr, Peter Knorr, Lutz Erich Müller, Hildegard Müller, Axel Scheffler, Sabine Tiemer, Christoph Tillmann, Philipp Waechter, Anne Wöstheinrich

Auf der Grundlage von Bausteine Lesebuch 3, Ausgabe Bayern:
Herausgegeben von Felix E. Emminger
Erarbeitet von Felix E. Emminger, Sybille Frank, Ulrike Heyde, Susan Krull, Renate Queitsch und Franz Werthmann
Beratung: Sabine Aschner

Dieses Werk folgt der reformierten Rechtschreibung und Zeichensetzung 2006. Ausnahmen bilden Texte, bei denen künstlerische, philologische oder lizenzrechtliche Gründe einer Änderung entgegenstehen.

Druck A[1] / Jahr 2008
Alle Drucke der Serie A sind im Unterricht parallel verwendbar.

Redaktion: Ute Rother
Herstellung: Sonja Burk, Frankfurt am Main
Umschlaggestaltung: Raphaela Mäntele, Büro für Gestaltung, Heidelberg
Umschlagillustration von Julia Ginsbach, Grebbin
Typografie und Layout: Raphaela Mäntele, Büro für Gestaltung, Heidelberg
Satz und technische Umsetzung: tiff.any GmbH, Berlin
Druck und Bindung: westermann druck GmbH, Braunschweig

ISBN 978-3-425-**12743**-9